南無度人師 於灼日下

南無度人師～於雪域中

南無度人師——於天涯地角

南無度人師
～於山巔上

do
度
度～聖嚴師父指引的
33條人生大道
點燈製作人 張光斗著

目錄

輯二・我願無窮

輯三・莊嚴佛事

輯四・度——Do

推薦序

遇見善知識

釋果暉／法鼓山方丈

充滿憧憬情愫的年少時期，曾經有過兩個夢想：一個是當文學家，可以寫出好的文藝作品與人分享；另一個是成為哲學家，好好靜下來思考一下人生。雖然這兩個夢想從未實現，但看到光斗菩薩此一大作後，卻有獲得某種夢想實現的滿足感。

本書所敘述的核心人物是我的恩師——法鼓山創辦人聖嚴師父。照理說，我應該對家師的弘化歷程非常熟悉才是，但本書所記載的時空，其中有將近十年時間，即一九九七至二〇〇七年，我並未隨在師父身旁。前八年，我奉師父之命赴日留學；後兩年，返臺後即在中部的某大學擔任教職。因此，我是從作者筆下豐富的記事中，對於恩師每每不辭辛勞，遠赴海外弘法的悲心更感深刻；且在字裡行間，隨著光斗菩薩分享的故事，進而接受到師父悲智的身教與言教，就像補修了一堂隨行課。感謝光斗現身說法，感恩！

書中分享聖嚴師父指引的三十三條道路，條條都是開啟人生新方向，又能明鑑自心而認識自己的一道道曙光。特別是記述二〇〇五年春，於北京大學未名湖畔，師父對著光斗說：「來啊！阿斗上船來，師父度你去彼岸！」這段述文，使我也霎時淚水盈眶。遙想禪宗五祖弘忍大師送六祖至九江邊，即將搭船離去時，五祖請六祖先上船，自己把著船槳而說道：「我來度你。」六祖則答：「迷時師度，悟了自度。」但這是六祖的程度，我們一般尚在迷中的人，還真是需要師父、善知識來度啊！

然而，所謂：「師父領進門，修行在個人！」又說：「三分師徒、七分道友。」師父能為弟子指點迷津，善知識在關鍵時刻的一句轉語，常能助弟子突破困境。實際上，遇到真正修行的關卡時，還得靠自己。當然，完全不付出努力，也不容易遇到助緣與善知識。

亦有所謂：「自助而後天助！」不忘初心，坦誠面對困境的話，也常有柳暗花明境界的來到。從《點燈》三十年，我們似乎也看到了這樣的歷程。

《法鼓全集》二〇二〇紀念版蒐集了聖嚴師父自傳、遊記類著作共有十六冊。《空花水月》書中有一段寫著：「張光斗是一個非常開朗的人，跟任何人都能做朋友。」閱讀此書，確實感受到光斗待人如己的熱忱和同理心。而我所認識的光斗菩薩，是個感恩、念舊、懷恩報恩的虔誠護法善知識。不管多忙，每年春節，他一定上法鼓山園區拜年，視作新年的打開方式。這是他從聖嚴師父時期延續至今的一個習慣，以感恩心、歡喜心開啟新年新氣象。此外，近年我曾數次受邀到他主持的廣播節目《幸福密碼》，分享佛法對社會議題的回應。至於他平素是不是仍為「大嗓門」我不知道，但在節目訪談中，則是非常尊重訪賓而言語和暢的稱職主持人。

此書提供了作者對聖嚴師父海外弘化，彌足珍貴的第一人稱記述及佐證資料。如同作者所述，今生能隨行記錄師父寰宇弘化，是相當有福報的；當然他也在持續培福、種福，故能經常有福。也感謝光斗菩薩除了隨師記行及製作節目的本職之外，隨時隨地關護師父病弱的法體，甚至擔任料理飲食的侍者工作。感恩再感恩！

作者也特別用心，在每一篇之後，加上聖嚴師父與該篇相關的開示重點，以及自身的回饋。寄望更多的人能夠讀到本書，獲得作者點亮心燈的啟發，走入聖嚴師父的內心世界，開啟人人具有的慈悲、智慧之寶。並迴向全球疫情早日消除，世界和平人安樂。

推薦序

佛度有緣人

釋妙熙／《人間福報》社長

人的一生難免犯錯，常因習性而造業，而懺悔改過是對治習性、消除業障的不二法門。

臺灣崇尚新聞自由，媒體界擁有第四權，卻易養成習性。電視節目《點燈》製作人張光斗是資深媒體人，他出書《度：聖嚴師父指引的33條人生大道》，闡述當年追隨法鼓山創辦人聖嚴法師行腳海外經歷，以懺悔的心敘述自己過去種種習性，因蒙受恩師孜孜不倦教誨，得以改過遷善，書中言辭情深意切，令人感動。

人的習性，不外乎貪、瞋、癡、慢、疑等五毒所造成，經過累世輪迴而深重難除，因此佛陀教導各種法門對治之。

張光斗身為佛弟子，在書中公開自己習性，就是勇於認錯，成為讀者的一面鏡子，讓人時時勤拂拭，也是一種法布施。

人在生活中總希望有貴人相助，點亮生命道路。張光斗製作《點燈》節目多年，傳達真誠、反思、感恩、勵行的價值觀，向社會上各行各業的點燈人致敬，也教導觀眾懂得感恩，進而回饋社會、布施弱勢。這種公益性節目，遇到大環境影響，電視臺曾喊停，但最終能夠延續多年，歸功於張光斗菩薩心腸，以堅定毅力挺過風浪，為社會繼續點亮明燈，指引迷途者。

佛度有緣人，張光斗與聖嚴法師緣分深厚，在隨行海外十二年間，師徒兩人常有感人肺腑的對話，例如在中國大陸北京之行，張光斗因為手錶故障，集合遲到，遭師父責難，心有愧疚，但搭船遊湖時，聖嚴法師刻意喊著「來啊！阿斗上船來，師父度你去彼岸！」讓阿斗頓時模糊了雙眼。

縱然聖嚴法師圓寂多年，當年度彼岸的話語，深深烙印在張光斗心中，永生難忘，因此發願，來生還要皈依師父門下，繼續行腳，度盡一切。

張光斗願力宏深，令人感佩，也祝福他在修行路上，早日滿願。

自序

「度」——Do

我一直懷疑我有「過動症」，否則兒時不會因為時時躁動、日日惹禍，白挨母親那麼多板子、雞毛撢子、藤條，以及鐵砂掌的伺候。

或許因為如此，英文的亂「Do」，成了我「過動症」病歷上唯一的註記（醫生不都是在病歷上畫寫一堆認不得的潦草英文嗎？）。

誒！這麼一說，還真是有譜！面對朋友任何工作上的邀約，哪怕是肉包子打狗的借貸，我都沒有能力拒絕，往往點頭如搗蒜，而且是一諾千金，也就是英文的「Do」，如果做不成，我會難受得自我鞭叱，覺得太過丟人，乾脆死了算了。

某日遇見一位會算八字的師姊，以揶揄的口氣諷刺我道：「張老先生，你可以了，都到了這歲數，不要動不動就對人承諾，小心一個承擔不住，不但害你老婆與家人受罪，你自己或許就再也爬不起來……。」

包括那位好心的師姊與我的家人，的確都害怕我又中了孔老夫子「七十而從心所欲」的蠱，以為人生走到七十，大可寫意的揮灑生命，聽從內心的呼喚，以所餘歲月不多為藉口，又來次不計後果的造反。她們一再強調，「七十而從心所欲」後面的那句「不踰矩」，應該才是我這患有「過動症」老頭的緊箍咒，一定得自重自愛才好。

話雖如此，但是……有時候，還是會忘了自己幾斤幾兩、幾多歲，一個不留意，就故態復萌，自口裡跌出這三個英文字母：「I do」！

這本新書，便是如此而來。

二〇二〇年的八月，出版了《在轉角遇見你》一書，出版社的趙政岷董事長在一次會議後與我閒聊，問及我與法鼓山創辦人聖嚴師父結緣的緣由，我接連說了兩個故事，他立馬展現了出版人的靈敏嗅覺，要我開筆來寫。我說，二十多年前，早在《人生》雜誌寫過「阿斗隨師遊天下」專欄，而且由法鼓文化陸續出版過四本書；他回我一句，時隔這麼久，許多當年的想法與看法肯定都有改變，現在再寫，絕對不一樣……。趙董的積極性讓我開了眼界，他就連初步書名都蹦了出來：「習性~聖嚴師父教導的33堂課」。

其實，我大可回說，讓我考慮幾天，再做答覆，但是不知死活的我，竟然當場就點了頭，並回答：「I do」。沒想到，這一聲「I do」，卻換來了我歷時一年多驚歎號連連的測試與考驗。但是，我也該在此感謝趙董的大膽「下訂」，讓我得以藉此重新書寫的機會，檢視到聖嚴師父圓寂後的這十餘年來，因為自己的欠缺長進，導致心田的荒蕪失序，還真是雜亂到難以收拾的地步。

一開始，照常信手捻來，以為再容易不過，等到寫完第一篇，仔細端詳，發現平淡無奇，全無新意，根本不及格也，就一指神功按下，全部刪掉。與二十年前的書寫對照，此刻再次來過，驚覺文如逆水行舟，不進只退，這人，真是丟不起，於是虛著心，回頭翻讀過去的紀錄，重新整頓，燃燈再寫。寫著寫著，經常精神上來，欲罷不能的煞不住腳，往往寫到雞都要啼了，才心不甘情不願地闔上電腦；只是，腦子不肯罷休，依然冒出各種文句與符號，在枕頭與腦袋之間晃蕩，最終總是落了個睜眼到天明的下場。失眠，就此盯上了我。

忽然有一天，我發現腦袋與敲電腦的手指各被不同的力量牽扯住，在深陷的泥沼裡拔河，誰都不服誰，硬是卡住了。前後翻攪，反反覆覆地將原稿修來改去後，活生生像是生了個癩痢頭孩子，怎麼看怎麼醜，根本帶不出門。觸礁的原因很簡單，前置作業不夠通透，三十三條大道的前後無法銜接，彼此也難以呼應；我再想，或許可以獨立敘事，各就各位，而不會淪於顧此失彼的窘境。但是，折騰的結果，不但進退失據，而且無路可退，一如高速公路上的大塞車，綿亙延長數十公里，上不了天又下不了交流道，唯有徒呼負負一途。這一下，我嚐到過去不曾體驗過的苦澀初果——很可能，這次要以「don't」來替代「do」了。

壓力來時，小看來頭，誤為潺潺細流，沒當一回事；一旦上游積蓄太過，猛然潰堤，水勢轉為浩蕩江河，呼嘯奔騰地席捲一切，就算是海克力斯再世，恐怕也難禦其鋒。該年十月底的某一早晨，才一起床，就發現右手肘下端的肌腱處，有點不適，類似酸痲，我當作是前夜睡姿有誤，壓迫筋脈，或許轉動轉動，一會兒就自動沒事。誰知道，隔日起床，更是嚴重起來，如此過了三天，不但腫到手指頭都像是剛灌飽的香腸，皮相還透著些許亮光；倒過頭來，這條型如地底怪獸的腫脹大蟲，還會往上臂流竄，不但腫到無法刷牙，就連右上臂的肌肉都大大鼓起，卓然高隆，狀似一顆堅實的山東大饅頭。這下，四天進了三次急診，各種斷層、X光檢查都做了，血也沒少抽，最終，所有的檢查數據都在在顯示，病理上沒有任何毛病，沒有出血沒有發炎沒有阻塞……，有的，只是聽天由命。

我是有底案的人——心血管裝過五根支架；好心的朋友提醒我，萬一腫到心臟罷工，事情可就難以善了；恰好老婆剛回國，還在隔離中，老母跟著我住，我哪敢跟她說，搞不好她暴衝起來，更要我老命。

幸好天無絕人之路，一位中醫好友S聞訊下馬，拔刀相助，連日幫我下針灸治，外帶飲食療護，我那遭到業報的右手，才如熔岩流盡的爆發火山，漸次回穩、安息，沒有再繼續為難我。

這一下，一口氣休息了兩、三個月，根本不敢再開電腦，重拾舊業。只不過，心虛吧，外加趙董的關懷進度，我還是乖乖地前往出版社，向趙董交心。例會中，把進度落後的緣由告白後，也向趙董提出要求，希望給我一位得力的編輯，讓我有個討論的對象，也好重振旗鼓，再造山河。趙董很務實，立刻同意不說，還大開善門，允諾我可以外找一位信得過的文字編輯，以及設計封面的行家。我當場喜不自勝，自信忽然又隨著血液流回到心臟——胡麗桂三個字，已火速出現在我底腦際；然後，沈家音也蹦了出來。

胡麗桂是法鼓文化的資深編輯，曾經是聖嚴師父非常倚重的人才，師父的許多文字記錄，都經過她的手。我與胡師姊也曾在記錄聖嚴師父的紀念影集《他的身影》共事過，她的思緒縝密，對於寫作有獨到的工夫，用字遣句精準有力，觀察事物鉅細靡遺，為人也低調且溫和婉約。我當場就打了電話給胡師姊，她沒有給我明確的答覆，只說會慎重思量。沈家音師姊也曾經合作過，她的功底深厚，設計感大器，甚獲我心；很幸運，她立馬同意了。

畢竟具有並肩作戰的同事情誼，外加柔軟的同情心，胡師姊沒隔多久，就回我電話，說是向法鼓文化報備獲准，可以加入我這難產的「X計畫」。她畢竟是位經驗豐富的驍勇戰將，電話中第一個扔給我的問題就是三十三篇的題綱都立好了嗎？我偷偷伸了伸舌頭，幸好，我已重新做了規畫不說，還回過頭，依序捧讀起聖嚴師父的各種著作，當然，也涵蓋了在下四本《阿斗隨師遊天下》的舊作。

對我來說，胡師姊的存在，是顆重要的定心丸，只要我在文字中出現任何差錯（例如，聖嚴師父何時何地說過哪些話？）她都可以吹哨糾正，並附上正確的出處。她也認為我習慣濫用一些虛字，如啊、了、吧……，都該清除省略，經常把我的原稿改了個滿江紅，直到我向她求饒，她才自我解嘲道，編輯魂上身，一時沒察覺……。

看過內容的讀者可以知道，本書中許多篇章的事件發生現場，胡師姊都是目睹者，甚至在我極度難堪，當眾被師父修理時，敢於跨前一步，代我向師父求情的，也是胡麗桂師姊。

我這天不怕地不怕的個性，總算在聖嚴師父面前得了報應，栽了大跟斗。隨師紀行前後十二年，如此親近師父，感受到師父春風化雨的一對一調教，別說是惹了許多師兄姊的眼紅，時至今日，一旦再讀那十二年堆積起來的浩瀚尺牘，我也只有汗顏，汗顏我的魯莽無知、粗枝大葉、以及沒有及時惜福……。如果換作任何一位稍有慧根的弟子，今日展現的回饋與反哺，絕對會是迥然不同的格局與場面。

我深信，聖嚴師父這一世，將度化眾生的悲心大願，推動到蠟炬成灰的極致地步，絕不是首次，也不會是最後。我同樣相信，他老人家只去佛祖身邊報個到，隨即又會席不暇暖地背起僧袋，堅定不移地乘願再來，再回到這個世間來盡形壽、獻生命，為受苦的眾生解冤結，助愚癡的眾生長智慧……。

何其有幸，此生，有師「度」我。如果來生還能為人，我發願，要再次皈依在師父的門下，再次追隨師父的行腳，弘化寰宇，承擔所能，「Do」盡一切。或許，那將會是第三十四條大道的起點，也或許，可以一路走到第一百〇八條，然後……。

輯一

結緣於燈

第1條

鍥而不捨

我是個沒有常性的人。

自高二那年的暑假，跟隨著父親前往塑膠工廠打工開始，我就察覺，我那不停躍動的心，一直都是飄忽著，難以定位下來，正如課堂上的那個我。我蹲在地上，兩手雖然相互交換，使勁地敲碎布滿地上的汙黑浪板，念頭卻始終落在工廠的圍牆外，想像著工廠外的小道、河渠、店鋪裡，是否有更為有趣的人與事得以喜悅我。老爸不時地叮嚀，要專心，不要敲到自己的手，我卻想，敲到也不壞，可以告假；還有，透過斗笠，我老要仰頭探視天空，為何老天連一片雲都不給？直讓太陽把人的頭給曬暈。彼時，鳳飛飛膾炙人口的名曲〈我是一片雲〉，還是海裡帶著鹹味的水滴，在翻湧的浪潮中列著隊，來不及昇華為天上的一朵雲。

果真如此。到臺北就讀世新的三年，只有一年級還算安分，對於有興趣的科目還能認真聽講，其他的，就慣常做著白日夢，心與身完全抽離。接著，跑社團、到臺視打工；畢業後當兵、進了報社做無冕王，我都只能維持三分鐘熱度，整個心，還是要叛離軀體，只想外奔。好不容易如願出國，還接任了人人稱羨的報社駐外記者頭銜，我終究在新鮮度流失的若干時日後，又想高掛「免戰牌」，一如錢鍾書筆下的《圍城》，逃離硬是我的宿命。

渾渾噩噩的混了多年，又繞回到臺北；雖說心中有一萬個不願意，但形勢比人強，我有個對日本生活適應不良的老婆，讓我在命運之神的操弄下，綁住了不受拘束的手腳，不得不在臺北安身立命。

在估狗上針對我命中欠缺的常性查了一下，《荀子．勸學篇》有段文字如此寫著：「鍥而捨之，朽木不折；鍥而不捨，金石可鏤。」這就是了，我就是那鍥而捨之，不折不斷的朽木。只不過，一旦遇見了關鍵人物，有關我的人生劇本，竟倏然改寫。

沒錯！那位關鍵人物就是聖嚴師父。

冥冥中，一直在失神晃蕩的我，好似在等候著與聖嚴師父累劫累世鑄下的因緣，得以銜續上似的，尋尋覓覓地始終尋不到依歸。我也曾靈光乍現過，從小就愛聽故事，愛讀故事書，有一回讀到「發明大王」愛迪生的生平，對故事的人物產生了景仰。瞧！僅是蓄電池的發明，愛迪生就歷經了五萬次左右的失敗，卻始終沒有放棄，鍥而不捨地試驗再試驗……，最後，終於得到劃時代的大發明，造福了無數的天下蒼生。

感動過後，如果欠缺實際的效法行動，那份觸動，充其量只是過眼雲煙。就像看完一場熱血澎湃的英雄電影，激動到晚餐當前都沒有胃口；隔日早起，飢腸轆轆的同時，開始後悔前晚沒有將大碗裡最後一根排骨給塞進口中，至於電影所帶來的悸動，怎麼忽然就淡薄起來，甚且飄渺遠走了？缺乏注意力、心神不寧、只見老師嘴動、實際充耳不聞、不求甚解、不懂就不懂、得過且過、零分也罷……，是我初中四年（留級一年）最為具體的難堪寫照。

身經百戰的勇士，凝聚下來的是視死如歸的氣度。課堂上歷經各種大小考試的我，榨乾餘存的則是與年齡不符的死皮賴臉、行屍走肉。好在天可憐見，在補習班混到高四下學期，只為了害怕當兵，才真正開始直視書本，不敢再放任心思，倘佯於虛無的夢幻中。

第二次參加大學聯考，我考了三六二．〇二分，距離最低標三六三．〇二，僅是一分之差，我還是被聯招的大門給屏棄在外，失魂落魄在床上躺了兩天。家人安慰我：

「再不濟，去考軍事學校吧！」好同學也來安慰我，勸我不要灰心喪志。後來，咬著牙，下了床，抱起書本繼續啃讀，總算在三專聯考上，考進了世新電影製作科編導組。

結了瘡疤忘了痛。而後的日子，正如前文所說，我逐著劣根性顛簸而成的浪頭，載沉載浮地穿越過人生的重重試煉；所幸，我沒有成為沉落至鬱黑深海的破船，原來有盞忽明忽暗的燈火在守護著我。

一九九四年，轉行為製作人的我，為了製作華視《點燈》節目，必須先行閱讀一些名人事蹟，畢竟一個新節目，需要有名人的故事帶領，觀眾的收視興趣才能培養出來，也才能穩得住固定的收視群。在那個老三臺年代，一般觀眾可是記得清清楚楚，每星期的哪一天、哪一臺、哪一個時段，可收看他們中意的電視節目播出。

許多友人好奇，以為我原來就是佛教徒，所以將新節目定名為《點燈》。其實不然，當時的我沒有任何宗教信仰，只因剛自日本回來，發現臺灣社會沉浸於「臺灣錢，淹腳目」的浮誇虛榮中，人人見面聊的話題都是買哪張股票？換哪部名牌車？買了總價多少的房子？想去哪個國家旅行？……卻很少聽到有人推薦哪一本新書有益於親子關係，或是哪一部電影對夫妻感情的營造有幫助……。人們急切追求物質生活的享受，而忘記真正的快樂是源自於彼此關心互助、努力做好本分的工作、對人厚道有禮、進退懂得拿捏、知道感恩幫助過自己的人……。所以，我們是否該緩下腳程，回過頭來看看自己的來時路？是誰幫過自己的忙，才得以攢下第一桶金？是誰曾在黑夜裡，為自己點亮一盞燈，才得以覓得前行的方向？是否該本著感恩心，向那些曾為自己迷惘人生點燈照路的貴人，問聲安、鞠個躬，說聲感謝的肺腑之言呢？

當時將節目定名為《點燈》的用意，就是希望傳達一種真誠、反思、感恩、勵行的價值觀。能夠向生命中的「點燈人」致謝，對自己是一種回溯人生目標的感恩與再確認，當這樣的省思和感恩心傳遞開來，我們的社會將更能篤實且溫暖。因此，「知道感恩的人不會變壞，知道感恩的社會不會變亂」是此一節目的核心信念；還有，做為大眾傳播的一分子，藉由電視節目「傳播希望、看見愛」，更是不該或忘的責任與使命。

正當閱讀大量名人的傳記故事時，我的注意力被聖嚴師父的一本自傳讀本《歸程》所吸引。在江蘇南通出生的聖嚴師父，少年時期，經常因水患或糧荒而陷於生計之困。偶然的機會下，母親答應讓他上山出家，為的是寺廟中好歹有碗飯可以吃，不愁填不飽肚子。出家後，因為懵懂窒礙，師父要他每天對著觀世音菩薩禮拜五百拜，半年後，原本被迷霧魯鈍捆縛的男童，忽地開竅了，熟背課誦本與經文，一字不差。他更是明瞭讀書的重要，主動要求前往上海靜安佛學院就讀。後來國共內戰發生，聖嚴師父與同學決定暫時脫下僧袍，換上軍裝，隨著部隊到臺灣，再伺機二度出家。抵臺後，師父雖然吃了很多苦，遭遇無數的考驗，但從未放棄再次出家的願心。終於，貴人出現，助其如願退伍。日後，師父閉關自修日文，在三十九歲那年，以同等學力取得日本立正大學入學許可，並以六年的時間取得碩士與博士學位。

這本書所記述的前半生旅程，師父屢屢面臨無路可退的困境，在無情的暴風雪雨中，總是以「最壞的打算、最好的準備」奮力前行。而人生行旅中，曾經為他出手點燈的貴人，師父從不曾或忘，那是寒夜裡的一盞燈，協助他一步步實現度化眾生的悲心大願。

當我闔上書本的剎那，內心的激動澎湃難抑，恭敬心與仰慕之情油然而生。於是在企畫會議中與同仁們分享，聖嚴師父堅毅的生命故事，儼然是《點燈》節目現成的最佳題材，我們何其有幸！

不過，接下來的聯絡工作面臨了艱難的試煉。同仁打電話去農禪寺（當時還沒有成立法鼓山），詢問聖嚴法師在臺灣嗎？如何得以連絡上他？得到的答案永遠是否定的。好不容易，打聽到聖嚴法師好像是在美國紐約，但是何時回國？可有歸期？依然不得而知。有的同仁開始打退堂鼓，認為製作節目進度十分緊迫，首播日都已確定，如果不趕緊另起爐灶，以其他故事替代，萬一耽誤電視臺播出檔期，失去電視臺的信賴，恐將造成難以想像的危機與傷害。

我開始猶豫了，盡往負面的方向思考，最後決定，就讓剛辭掉本職，協助公司行政作業的妻子淑芬，親自跑一趟農禪寺。畢竟電話雖然方便，不見得能夠成事，還是親自前往一趟，問個水落石出，才是解決問題的基本辦法。

據淑芬由農禪寺回來後的敘述，還真是有點不可思議。她一進了農禪寺，就詢問知客處義工：「聖嚴師父在嗎？」、「還是在美國嗎？」、「何時回來？」義工們始終無法給出明確訊息，只是回說不清楚、不知道。既然已經到了農禪寺，剛好又是過午時間，淑芬就進了齋堂，用了午齋。食畢，正要步出齋堂，一抬頭，就見到聖嚴師父朝著她迎面走來。

彼時，農禪寺的訪客並不多，據說聖嚴師父可以叫出每位到訪者的名姓。師父一看淑芬是新面孔，居然先行開口問她：「第一次來農禪寺嗎？」淑芬將來意說明後，這才得知聖嚴師父是在當天上午方由紐約抵達臺北。師父沒有任何猶疑，立刻自僧袍裡取出了記事本檢視行程，隨即應允如期前往攝影棚，參加《點燈》節目的錄影。

得到聖嚴師父可以進棚錄影的喜訊後，我們非常快速且順利地前往紐約和東京拍攝外景，訪問曾經伸出溫暖的雙手，在不遇的暗夜裡，為聖嚴師父點燃希望燈火的點燈人。

老實說，當年方才起步時，我從未設想過，《點燈》節目可以做到今天。當時只是本著一股執念，一心要把節目做好，哪怕只做一季（十三集），只要無愧天地與良心，也就滿足了。同時，那也是個臺灣電子媒體面臨開放，遊戲規則不是十分明確的過渡時期，我們沒日沒夜地企畫故事、出外景、錄影、剪輯⋯⋯，等到一抬頭，電視臺居然告訴我們，節目大受歡迎，可以繼續製作下去。然後，臺灣在一夜之間，誕生了數十個有線電視頻道，類似《點燈》的節目同時有十幾個，在各個頻道登場。幸好，我因為《點燈》節目，親近了聖嚴師父，受到師父潛移默化的影響，將節目製作的視角，拉開到弱勢族群、環境保護、器官捐贈、災後重建⋯⋯等等關懷社會各個層面的平臺上，《點燈》節目才得以把持住當時的初發心，沒有被急速滾動的時代潮流遺棄掉。

一晃眼，近三十年過去，實在無法想像《點燈》節目居然可以持續點明到今天。一路行來，我們的確走過無數的暗夜，次次困頓於前方不定的方向，更有數不清的艱苦與挫折，面臨油枯燈盡、走不下去的困境⋯⋯。幸運的是，當年決心要找到聖嚴師父的那份鍥而不捨的信念，始終未曾消殞。一路上，幫助《點燈》節目得以持續光亮人間的

「點燈人」，則是時時提著燈、替我們擋風遮雨，一人接著一人，並肩守護這盞希望的燈火，不被澆薄世道的逆風急雨所吹滅、澆熄。

鍥而不捨，真是聖嚴師父賜予的一份貴重禮物。那就是幼時收到的卡片，卡片上有金粉沾黏著，一條宛延向前，沒有止境的康莊大道。

行過以後

聖嚴師父曾說：「順利的因緣，使你事半功倍，走得更快；逆境的因緣，使你鍛鍊得更堅強。所謂毅力、耐力，即是佛法中的忍辱波羅蜜，是修行菩薩道中，極難修的一種，就菩薩而言，沒有一樣事，不是成就菩薩道業的增上緣，還有什麼事是不可忍受的呢？」

我承認，我不是強者。當考驗一波接著一波凌厲而至，曾經累了，倦了、也病了；也曾興起過退心，甚至湧出放棄一切的念頭。幸好，我會回頭詢問自己，如果放棄了，是否有一天會後悔？是否會帶著無法彌補的遺憾走完此生？

菩薩保佑！我終究還是扔棄了那副後悔藥——退心。聖嚴師父所顯現的那份「鍥而不捨，努力再努力」的堅毅力量，就是導引我不曾迷途的明燈。我知道，我必然有路可去。

第2條

「直覺」並非可靠

人們對於未知的領域，都會持有某種程度的好奇心，例如另一個空間的神鬼靈魂之說。在眾多紛紜雜沓的傳說中，直覺，也是很多人極有興趣的話題之一。

在哲學與心理專家的理論基礎上，對於直覺的認知，有各種說法。諾貝爾獎得獎者，著名的物理學家波恩說：「實驗物理的全部偉大發現，都是源於一些人的『直覺』」。美國化學家普拉特和貝克，曾對許多化學家進行意見調查，在回收的二百三十二張調查表中，有百分之三十三的人說，在解決重大問題時，有「直覺」出現；百分之五十的人說，偶爾有「直覺」出現，只有百分之十七說，沒有這種現象。由此可知，對於直覺有興趣的專家學者，還真是不分專業，不分學科啊！

至於由佛教的角度來看，對於直覺又有什麼樣的見解呢？

聖嚴師父在一場對談中，曾經針對直覺做了精闢的解析。師父說：「以直覺來看任何東西，認為這個樣子就是這個樣子，是一種自我的經驗，以自我的立場來看東西。至於是否正確，那就要看教育程度，以及對人生觀的認知、對宇宙觀的了解，了解得愈深，直覺的正確性愈高，否則直覺會有問題。」

師父一向不准我們攪在神祕經驗，或是神通、鬼魅的色彩中。於此，我無意去強調所謂的神祕經驗，只是單純地將二十幾年前，邀請聖嚴師父上《點燈》節目的過程裡，自認為發生了一些與「直覺」有關的聯想，舉為現成的事例。

正如同我在一九九四年春天，只是讀了一本聖嚴師父自傳的著書，就一頭栽了進去，堅持在《點燈》節目中，製作師父的故事一樣；當時，「直覺」告訴我，聖嚴師父大有來頭，他的故事肯定會引發共鳴、大為轟動。或許，書中描述的聖嚴師父經歷，激發了我大腦多巴胺的分泌，造成很大的激動。師父一路行來，經常是無處可去，又絕處逢生；而後，峰迴路轉的幾度起伏際遇，也都化險為夷，否極泰來。師父的故事，充分補充了我在日常生活中，不時闕如的正面能量；這些遭遇，也鼓動了我不怕失敗，深信成事無礙的奮鬥信念。因此，我才自以為是的認定，我當時的「直覺」還真是心領神會，妙不可言。

那時，雖然還沒有wifi的出現，但在我懵懂的意識中，總認為任何人都擁有屬於自己的無形天線，這根「天線」，就是發射「直覺」的源頭。有時，莫名其妙地浮起一個念頭，感覺到要發生什麼事，過不了多久，竟隨即應驗。譬如，某日在灌溉渠道，看見一道道梯字型的水域中，一群群吳郭魚頭尾列隊銜接，潑灑矯捷地歡喜嬉戲，才佇立於岸邊一會兒，一道「直覺」便頓時出現：這群魚已然朝不保夕，小命或許就要難保。隔天，再次經過原處，果然，一堆翻著魚肚，已無生命跡象的魚群，就怵目驚心地飄浮在淙淙流逝的溪水淺灘邊，兀自隨著漩渦，在原處打轉，像是努力要轉出這一世短暫的輪迴。我在得意自己的「直覺」過後，也會繼續理智地推理，或許，是哪塊田地噴灑了農藥，或許是哪個鐵工廠稀釋出了含毒的廢水……造成魚兒的暴斃。那大概是兒時在鄉下看多了類似的場景，是我的某種經驗適時投射，與所謂的「直覺」不一定有關係吧。

這，就是我學佛後，對於「直覺」認知的一點微妙改變。

果不其然，聖嚴師父曾在開示中有過如此的直陳：「直覺，大家都知道，直接的反應就是直覺。皮膚接觸到的，眼睛看到的，沒有經過大腦的思考或是考察它的反應，就是『直覺』。」

師父更是指出，直覺是不可信賴的。

師父說，直覺的反應可靠嗎？有時候可靠；而有時候是不可靠的。因為直覺的反應往往只是自己習慣性地認識、判斷，不一定是當時接觸到的事實，而是頭腦裡先入為主的。

在《點燈》節目製作聖嚴師父故事的過程裡，的確發生過一些有趣的「巧合」事件，我當時解釋為「直覺」的即時感應；今日再想，對於那些「直覺」意念的產生，沒有刻意否定的企圖，反倒覺得頗為有趣。

我當時帶著外景隊前往東京，訪問聖嚴師父就讀立正大學的師友們，其中有一位三友健容先生，當年是師父指導教授坂本幸男先生的助教，後來升任為院長，如今已退休。三友先生與家人對聖嚴師父都曾非常照顧，是師父非常重要的日本友人之一。

外景拍攝的當天，三友先生領著我與攝影師在學校四處參觀，凡是與聖嚴師父有過關係的教室或地點，一定如數家珍地將故事的原委說給我聽。就在校外不遠的一處木造平房前，他指著二樓說，那是聖嚴師父以前租賃的住家，大約四個半榻榻米大。有一度，房東差點要強迫師父搬家。事情的起因，是一樓的住家有了不好的「直覺」感應，他懷疑住在二樓的和尚，不知道添置了什麼重物，讓天花板下墜到懸成弧形，如果一個強震來襲，搞不好就是屋塌人亡。房東上樓勘查後，發現師父太認真用功，將所有的書籍，都圍疊在房間正中的矮桌四周，好方便隨時參考閱讀所用。結果，書本太重，地板有點承受不住，往下陷凹了。房東立刻請師父將書本沿著牆壁安放，分散重量，或許取閱有點不方便，但可以顧及到整體的安全。師父當然是立刻照做，因而沒有被迫搬家。

我們談得很高興，也拍到不少珍貴的內容與畫面，法鼓山至今一些新剪輯的紀錄片裡，還不時會引用。等到採訪接近尾聲，三友先生請我喝咖啡，我沒等咖啡冷卻，就在燙口的情況下快速喝乾，為的是後面還有其他的安排。一等咖啡杯空了，我立刻順勢站起，向三友先生道謝，並即刻告辭。就在我站起來的剎那，也不知道什麼原因，「直覺」來了，福至心靈，有了點子，毫不猶疑地向三友先生開口，邀請他在某月某日，前往臺灣一趟，參加《點燈》節目的錄影。三友先生不解地滿臉問號，不懂我想做什麼。我立即解釋道，聖嚴師父在攝影棚錄影時，一旦談到當年在日本求學過程的當下，三友先生就立刻推門進場，給聖嚴師父一個大大的驚喜……。聽了我的說明後，三友先生乍現出頑皮生動的表情，不待檢視自己的行程表是否得空，竟立刻答應，一定要到臺灣「嚇一下」聖嚴師父。我是後來才側面得知，只不過一個月之前，聖嚴師父曾經邀請三友先生來臺灣參加由中華佛學研究所承辦的中華文化與佛教國際學術會議，三友先生以忙碌為由而婉拒了。

當然，事後回想，邀請三友先生到臺灣的攝影棚，為聖嚴師父製造驚喜，是為了節目的效果，所臨時想到的點子。有了這段插曲，節目自然是生動許多，多了很大的可看性，至於與「直覺」是否有關，就是另外一回事了。

錄影的日期一近，三友先生如約而至，在錄影的前一天飛到臺北，我將他安置在華視附近的一所飯店，並叮囑他，不要隨便外出。我還故意嚇唬他，萬一被師父撞見，可就麻煩了。

隔天下午，聖嚴師父在約定的時間，出現於攝影棚，當時擔任師父的侍者，開車護送師父到現場的，就是後來接任方丈，今日已卸任的退居方丈果東法師。當時，華視新蓋的攝影棚尚未落成，是借租仁愛路上中廣公司的攝影棚進行錄製工作。

禮貌上，我先將主持人預計提出的問題，一一向聖嚴師父做了說明（埋伏三友先生的祕密當然不可洩漏）。師父回說沒有問題，我就大聲跟現場指導說，準備錄影了，請所有的工作人員立即各就各位。此時，師父忽然低聲跟我說，要去一趟洗手間。以我平日急躁的個性，一定是立即呼喊一位工作人員，馬上領著師父去一趟洗手間就得了。但是，我並沒有那麼做，而是親自引導師父走向攝影棚的側門，側門外就是洗手間。

攝影棚為了隔音與冷氣效果，進出大門都是既厚又重的鐵門。中廣攝影棚的側門，只隔了一條寬約三公尺的走道，正對面就是洗手間。當我一個箭步，準備打開攝影棚鐵門時，不知道什麼原因，「直覺」忽然湧現，我回過頭，請師父稍候，然後謹慎地打開鐵門。但是，門縫才稍稍開啟，竟看見三友先生坐在洗手間門口，原來是工作人員的安排，讓他隨時準備接受點召上節目。我嚇得全身觸電般，幾乎魂飛魄散，趕緊關上鐵門，並要工作人員立即將三友先生帶開。等到三友先生的背影消失了，才重新回頭，打開攝影棚的側門，請師父前往洗手間。

每次回想到這段經歷，我都分外感謝當時的「直覺」，如果不是「直覺」適時乍現，肯定要造成哀鴻遍野的慘劇。我太清楚自己莽撞的個性，加上錄影時的神經緊繃，絕對是眼明手快、衝動行事，絕對不可能出現任何慢三拍的舉動。豈料那一刻，我居然放慢了腳步，活生生讓自己逃過一劫。試想，萬一我一個快步，打開攝影棚的鐵門，跟在身後的師父，必然一眼就看見坐在洗手間前的三友先生，而我費盡心思設計的現場效果，肯定在洗手間門前提早發生；那一破哏的剎那，真會讓人心臟麻痺到休克倒地。

或許，我哀求師父在錄影時，刻意假裝被三友先生的出現給嚇到，但那第一個就是不尊重一位有道行的高僧禪師。第二個，假設師父慈悲，勉為同意，但現場效果若是不佳，我又該如何應對？

事後再冷靜思考，我是節目製作人，是錄影現場的指揮官，我必須處在冷靜的狀態下，才不容易出錯。由我親自引導師父去洗手間，是我的基本禮貌；在師父進入洗手間之前，我必須先看個究竟，別讓師父遇見尷尬的場面，也是我的職責。這也可以解釋為我的「直覺」奏效，但更要感謝佛菩薩的護佑，沒有讓我造成無可挽回的遺憾。

錄完影後，聖嚴師父果然非常滿意，讚美我道，一個三十分鐘（當時是半小時）的節目，既到美國訪問曾經以無名氏身分，護持師父完成博士學位的沈家楨居士，又趕去東京拍取外景，真是不容易。師父並當場邀約我改天到農禪寺走走，我因急著返回攝影棚，繼續後面的錄影，並沒有將師父的邀約放在心上。（這又是另一段精彩的故事了）

我與聖嚴師父結緣的這一集《點燈》節目，錄影前後有太多匪夷所思的「直覺」發生，反倒助我留下這一生彌足珍貴的回憶，每回想起，都要得意許久。當時，我一廂情願地認為，是「直覺」助我圓滿了差點功虧一簣的考驗；如今閱讀師父的開示後，我更是相信，平日好好修行，讓心清淨些，讓自己於平日生活中，少犯錯、少踩空，才是平安度日，歲月靜好的關鍵所在。

行過以後

聖嚴師父說過：「因為加上了自我中心的習慣性判斷，有一種自我的意識在內，不是客觀的，故直覺是不足取的。所以，許多人會說：『我直覺地感覺到……我直覺地發現到……我直覺地以為是……』這些都不一定可靠、正確，所以是不可信賴。」

我的確也在「直覺」的經驗中栽過跟斗。一九九七年的三月，達賴喇嘛首次造訪臺灣，造成很大的轟動，華視節目部責請我負責拍攝紀錄片。那一年的電視「金鐘獎」剛好公布入圍名單，我在節目與個人項目中都有斬獲。等到達賴喇嘛由高雄轉到臺北，入住福華飯店後，適巧聖嚴師父到飯店會晤達賴喇嘛，雙方談興極高。結束後，我們拍了張大合照，因為在場訪問的媒體很多，我順勢坐在地上，不想在達賴喇嘛與聖嚴師父的身邊「插椿」，沒想到，達賴喇嘛居然就站在我的正後方不說，拍照時，還將雙手放在我的頭頂。幾位媒體朋友都羨慕地說，達賴喇嘛為我加持，是何等殊勝的好運！當場，我的「直覺」也告訴我，搞不好我真的可以拿到金鐘獎。結果呢？呵呵！全部「摃龜」。聖嚴師父說的果然沒錯，「直覺」不一定可靠，不可信賴啊！

如今，無論我到何處演講，只要提到這一段故事，就不敢再將「直覺」高高舉起，只是很低調地強調，修身養性，放慢生活的步調，莫讓急切躁鬱的習性，占領了節奏快速的日常生活，是現代人平安作息的不二法門。還有，「直覺」並不完全可靠，千萬不要受制於「直覺」的牽動，才不會一個不小心，絆上一個大跤，壞了自己人生的一盤好棋，也偏歪地拐進一條回不了頭的岔路。

第3條

說謊，究竟騙了誰？

說謊，打妄語，應該是人性中較為複雜，也十分微妙的慣有習性吧？

神經科學家山姆．哈里斯在《撒謊》一書中指稱，說謊對說謊者和聽到謊言的人都不好。哲學家尼采在《人性的，太人性》一書中，也說道，不說謊的人，可能只是因為維持謊言太困難而不撒謊。可見說謊一事，還真是引起過古今中外專家學者的熱議。

我們一生經歷過各種起伏崎嶇的遭遇，閱歷的人也不在少數。有時候稍一興起僥倖心或是貪心，就會說謊、打妄語；同樣的，只要一個不小心，就會落入他人謊言的陷阱，被矇受騙。尤其近年來，騙子橫行於世道，失財，是最為常見的社會刑事案例。

但是，說謊與妄語，也有善意與惡意之分。橫亙在良知線上，對與錯、是與非，還是需要我們以正知正見來匡正自己的言行才好。

小時候，眷村的小玩伴在玩耍時，有人明顯說謊，我狠狠瞪他一眼，罵他不怕老天爺處罰？那渾小子回我，只要在說謊時，用腳在地上暗暗地畫上一個叉，老天爺就會原諒。我後來為了貪嘴，偷拿父親口袋的零錢購買零食，父親追問起來，我硬是抵死不承認，也偷偷用腳在地上畫了個叉，可是，很快就後悔了，因為心裡知道，老天爺當然看得到地上的那個叉叉，祂不會原諒我的小偷行為在先，又追加說謊的罪名在後，罪上加罪的結果，絕對罪不可恕。及長，違背良心的謊言，我沒有說過，但險些因為說謊，誤了這輩子難行能行的志業。

話說一九九四年，因為製作《點燈》節目，認識了聖嚴師父。錄完影後，我在攝影棚外恭送師父上車返寺。師父上車前，邀約我有空去農禪寺走走，我根本沒往心上去，只當是世俗的客套，嘴上說好，心裡沒當一回事，轉頭仍是專心一意地投注在工作上，並沒有把聖嚴師父的邀約當作一回事。

隔年的一月，快過年了，一個週日的上午，另一半淑芬回臺中，幫忙母親清掃家園，在客廳的桌上留了個紙條，要我去農禪寺「還錢」。原來錄影當天，所有的人都忙昏頭，忘了給聖嚴師父上節目的車馬費。既然快過年了，欠人銀兩總是不妥，何況是一位高僧呢？

快速漱洗完，我立刻趕往農禪寺。才進三門，就發現熱氣喧騰，人聲鼎沸，無法與想像中的幽靜、寧謐畫上等號。一問之下，當天適巧舉行千人皈依大典。我向一位法師打探晉見師父一事，法師回我，此刻的師父忙得不可開交，請我等到皈依大典結束後再說。我想，反正閒著也是閒著，既然身陷人潮中，乾脆隨眾，他們做什麼，我就跟著學，倒也挺有趣的。

等到聖嚴師父在莊嚴的鼓磬聲中進入大殿，在場的千位信眾全都肅穆景仰了起來，我當然也收起嬉皮笑臉的慢心，跟著眾人一同禮拜、誦經，然後，我居然也跟著皈依三寶了。儀式結束後，眾人安適地坐在蒲團上，等著領受皈依證。很快地，人們的喜悅歡心，隨著彼此互相展示皈依證上的法名而逐漸高漲。我越看越不是滋味，心想為什麼我沒有？直到忍不住了，只好追問發皈依證的法師。法師說，我沒有事先報名，稍後再補發給我。

就在大眾逐漸離去，我的耐性也快磨光之際，法師揚著手中的皈依證，自遠處快步趕了過來，說是師父在百忙中臨時為我取的法名，我接過一看，「張果厚」三個大字！一陣歡喜熱流，在冬日裡瞬間漫延至全身，把心熨燙得既平整又暖適。而我的一些損友在事後得知我的法名，都讚歎聖嚴師父真有眼光，他們所持的理由是：「你的臉皮本來就厚，你的肚子本來就多油又厚。」

總之，聖嚴師父忙完一個段落後，我就被延請到大殿後方的會客室。師父一見到我很開心，再次讚美《點燈》節目做得很用心，我頓時感到輕飄飄地，有點喜不自勝的小小虛榮。師父接著說，過完年後的三月，農禪寺要舉辦「菁英禪三」，為期四天三夜，由師父親自教導禪修，邀請我參加。我不假思索地說：「我很忙，恐怕……」，師父立刻說道，就是因為媒體人太忙，他才刻意將一般的禪七縮減為禪三，為的就是讓媒體工作者藉由禪修，可以放慢平日忙碌的腳步，讓不安定的心沉澱下來，也能誠實地與自己相處數日。

我是知道好歹的人，師父已然誠懇邀約，我豈能當場回拒？便乖乖點了個頭，答應參加禪三了。其實，我在口頭答應的同時，心頭已思量妥當，我只是虛應故事地以謊言做擋箭牌，騙騙師父而已；我的本意，自然是不想去打禪三。

曾有信眾冒著師父有急用的謊言，向老實忠厚的信眾騙錢，一次就騙了兩百萬。還特別叮囑，不可以讓師父知道，否則師父會很沒有面子。第二次又再行騙，受騙信眾的家人發現不對，親自求見師父。師父就讓信眾當場打電話給對方，並接過電話，這才揭穿騙局。

所以，膽子大到敢胡矇師父，我還真不是第一個。

很快地，我就將承諾師父，參加禪三的事情丟進垃圾桶，自腦子裡清理掉了。當時忙著工作、忙著嬉戲的我，如何得以忍受三天不說話、不准看書、吃素……等諸多限制？一直到禪三的前一天，我自日本出差回來，淑芬嚴肅地叮囑我：「明天要去農禪寺報到。」我一下想不起來，問她何事？淑芬說：「禪三呀！」我猛搖頭，不樂地回道：「當初只是嘴上答應師父，可是我心裡根本無此意願。」

照理說，我家的事，大小都是我說了算，但是這一次，淑芬難得不退讓了。她說：「誰都可以騙，怎可騙師父？」我不肯軟化，要淑芬幫我打電話去農禪寺請假，藉口說我拉肚子，不能參加禪三。淑芬又再次重複：「對師父說謊，欺騙師父，是絕對不可以的！」

淑芬難得跟我對上不說，居然眼眶發紅，就要流淚。我心想，這麼羯女怎麼就執拗起來了？偏偏這一著，正是我最為無力抵抗的絕招。無奈之下，只好姑且退讓，答應她，一定會去報到就是。

隔天在辦公室，吃完午飯開完會，她就急著要幫我叫計程車。我說，路程這麼遠，多貴啊，我坐公車去就是。其實我心裡已有盤算，只要避過她這股牛勁，山人自有妙計。我打算搭乘二六六公車，這路公車繞的路較遠，要經過士林，才會轉到農禪寺，只要一個不小心，肯定會遲到。再則，若是遲到了，三門一閉闔，我自然就可以順理成章地打道回府。於是，好整以暇地，我還故意提前離開公司，前往公車站牌，讓淑芬不會起疑。到了站牌，每來一班公車，只要乘客稍多，沒有座位，或是沒有我中意的座位，我都放棄，就是不上車。如此蹉跎了好半天，終於等來一班乘客稀落的公車，這才勉強上車，選了個好位子，悠哉遊哉地開始遊車河。公車行進的過程中，只要前方路口亮起紅燈，我就心生歡喜；萬一司機搶了個黃燈，硬闖了過去，我就恨得牙癢癢的，暗中批判這司機太心急，沒有顧慮到乘客的安全。事實如此，我就是打定主意，一定要遲到！

到了農禪寺巷口的站牌，我雖然下了車，看看時間還有著呢，硬是再等了幾個紅綠燈，才心不甘情不願地拖著腳後跟過了路口，如蝸牛慢步，左顧右看地打量寺前長巷的店舖與古董店。好不容易，農禪寺的大門在望，我看了手錶，剛好過了報到的時間，頓時心花怒放，得意到不行，心想妙計總算得逞了。但是，既然已經到了門口，也還是該對寺院鞠一個躬，回去才有說詞。因此，兩手合十後，才要轉身，忽有一位女眾法師走了出來，大聲問我：「可是張光斗菩薩？」我雙手合十，欠身跟法師說：「抱歉，我遲到了，我這就回去。」法師向我招手道：「就差你一位了，趕快進來，師父正在等你。」

我那個不情願呀，真是舉步維艱。但隨之一想，沒關係，就算進去報到，只要一個不滿意，我還是可以尋找藉口，說個小謊，自然便得以脫身回家。

完成報到，剛好是進齋堂享用「藥石」（晚餐）的時間。出乎意料之外，晚餐好吃到差點把肚子撐爆。由冷盤、熱炒、燉菜、炸物、主食、湯品、甜點到咖啡、紅茶、水果，讓人目不暇給，簡直捨不得把筷子放下來，我生平第一次對素食有了非常正面的評價。

吃飽喝足了，稍事休息，就前往大殿集合，聆聽師父的開示。師父說，你們這些新入門的菩薩，肯定還不習慣趺坐蒲團，可以多拿幾個，墊高臀部，就會舒服許多。我立馬搶了四個，兩個當坐墊，兩個當手墊。一坐下，嘿！剛剛好，挺舒服的。於是，暫時打消翹頭回家的念頭，乾脆先打個盹，好好將肚裡的食物消化一下，再徐做打算。

眼見眾人都安定妥當，師父開口了。師父詢問我們，有人猜測師父是得道的高僧，肯定能夠聽見一般人聽不到的聲音，看見我們看不到的東西。師父才說完，大眾就都拚命地點頭，我也開始從心底讚歎師父果然有幾把刷子，為了怕我們打瞌睡，一開始就要講「鬼故事」了。師父又重複一次：「是不是如此啊？」我們眾口一致道：「對！」師父停頓了幾秒鐘，簡直吊足了我們的胃口。好不容易，他開口大聲道：「錯！」我們彼此對看了一眼，有點迷糊了。師父再說，他是一個普通的人，也是一個普通的和尚，他會說錯話，也會做錯事！

我傻了！

我那堆積如山的慢心，忽地轟然一聲，崩塌、散落到一地，用不著風吹，瞬間就消失殆盡。我睜大了眼，看著安坐在前方座椅上的聖嚴師父。在眾人眼裡，聖嚴法師是位有智慧又慈悲的當代高僧，平日像是在雲中霧裡，與佛菩薩為伍，多少高官達人都想接近。但是，我眼前的師父，居然把自己降低到和我們同樣的高度，他既謙卑又誠懇，尤其是澄明泰然的眼神，有如初生的嬰兒，潔淨單純，不帶一點雜質。看著看著，我的慚愧心有如漲潮的淡水河，慢慢地漫延到胸口，我的胸口堵住了。

打完禪三後，我開心到無以復加的程度，原來禪修，真的可以讓人有煥然一新、重生再世的喜悅。不過，心中最為慶幸的還是我的謊言幸好沒有得逞！縱然我一開始，打算對師父說謊的念頭，屬於「小妄語」的範疇，但也是對自己極無利益的蠢念愚行啊！

行過以後

聖嚴師父說過：「佛教所說的妄語、說謊，可以分為三類：『大妄語』、『小妄語』和『方便妄語』。『大妄語』是自己尚未證悟，卻宣稱已經證悟，尚未成佛就自稱是佛……，為了欺騙信徒，得到信徒的供養與恭敬……，這些都是『大妄語』，是很嚴重的罪過。……『小妄語』是指自己所說的話不是真正經歷過、聽到、或是見到的事……，這種有百害而無一利的妄語，也不應該說。至於『方便妄語』，本身無傷大雅，也不會傷害別人，甚至對聽話的人來說，反而是一種幫助，一種誘導，讓對方不至於感到難堪，還覺得很愉快；例如為了安慰病人所說的謊話，雖然是妄語，只要不過度誇大其詞，還是可以接受的。」

小時候聽大人說故事，最害怕的就是說謊話的下場，死後會被閻羅王割舌頭。在廟口看布袋戲，臺前的繪畫布幔上，也有人死後下地獄，被鬼王拿著鉤子，將說謊者的舌頭硬是拉扯下來。

學佛後，知道了因果關係，由於害怕惡果的報應，自然也就謹言慎行，更要管好自己的一張嘴。讀了師父對妄語的解釋，我想，若有必要，除非是安慰弱者的「方便妄語」，否則，真的要跟妄語一刀切割，不要與妄語有任何瓜葛才好。

第4條

面對它、接受它、處理它、放下它

人生不如意事，十之八九！一旦逆境來襲，小的是暴雨，摩托車可能會被大水沖走，小命倒是沒事；如果是海嘯，那可是會將人席捲到深海萬米下的黑洞裡，後果不堪設想。不過，逆境並不可怕，可怕的是人們不知如何去面對它，那一混沌未覺的駑鈍與癡狂，或許才是災難的源頭。

能夠在聖嚴師父座下修習佛法，是一大福報；佛法之於對治逆境，還真是具有極大、極有功效的能量。

師父教導的眾多佛法中，揭櫫於四海的「四它」，或許因為簡單易懂，尤其受到各個地域、社會人士的歡迎與反響。無論我去到美國、加拿大、中國大陸、東南亞、澳洲……，都聽得到人們在複誦「四它」：當你面對問題時，請記得「面對它、接受它、處理它、放下它」。

日常生活中，每天一睜開眼，說不定就要面對一大堆煩心的事。孩子忘了帶作業，要趕緊送去學校；車子半路拋錨，上班又要遲到；公司業務受到疫情影響，自己被列入裁員的名單；家人的健康出現病灶，很可能是絕症……。遇到此一頭痛時刻，唯有面對現實、接受事實，絕對沒有逃避的餘地。因此，聖嚴師父指出：「如何面對問題？即是告訴自己：任何事物、現象的發生，都有它一定的原因。我們不須追究原因，也無暇追究原因，唯有面對它、改善它，才是最直接、最要緊的。」

師父又說：「對於任何情況，如果能夠改善它，當即予以改善，若不能改善，便面對它、接受它，絕不逃避，但是要盡力改善。」

我有一位朋友，在大陸打拚多年，一心想將師父教導的禪法，分享給大陸的有緣人。一次感冒後，咳嗽老是好不了，到醫院檢查，已是肺癌末期。她在面對與接受身體的難題後，先是將大陸的工作全部放下，回到臺灣，再次進醫院檢查，結果一樣。後來她選擇放棄化療，趁著體力尚未衰敗，趕緊完成了一套宣揚佛法的腳本大綱，心中再也沒有牽掛，自在地過完此生的最後一天。在她身上，我看到了師父教導的「四它」，尤其是處理它、放下它。誠如師父所言：「如果期待計畫好的事在過程中發生問題，不必傷心也不必失望，應該繼續努力，促成因緣，還是有成功的機會；如果經過詳細的考慮，判斷因緣不可能促成，那也只好放下它，這和未經努力就放棄是截然不同的。」

就在一九九五年，我參加了在農禪寺舉行的社會菁英禪三，報到日晚間，就聽聞到聖嚴師父此一智慧的開示與諄諄教誨。

聖嚴師父說法的一大特色，就是以極為淺顯易懂的言語和文字，將佛法的菁華，透過接地氣（符合現代潮流）的詮釋，傳遞給社會大眾，讓眾人得以心開意解，增長見聞。

老實說，師父在菁英禪三的第一堂課，一開口宣布要送給我們「一份禮物」時，我還真有點懵懂，我環顧禪堂或坐或站的法師，手中並沒有捧著任何禮物啊！等到聖嚴師父提出「四它」的精闢理論，並要我們複誦時，我也反應不過來，只記得有四個「它」。等到師父一說起故事，實際舉例，很快地，要想將「四它」自我級數不夠高的前額葉皮質中拔除，已是萬萬不可能了。

師父舉例的故事非常生動有趣，都在我們的生活中隨時發生。後來我在公開演講中，把師父舉例的故事，加上我喜歡做夢看戲的興趣，演串成一個立體的家庭寫實劇，往往博得了滿堂笑聲與掌聲的同時，也讓聽眾對「四它」留下深刻的印象。

一般現代家庭，夫妻都要上班賺錢，否則如何去繳房貸？如何付孩子的養育、教育費？如何負擔家庭的整體開銷？只不過，夫妻兩人如果勞役不均，甚或相互的體諒不夠，自然容易發生摩擦與爭執。譬如說李家的大龍，每天下班回家，就覺得累到快抬不起頭來，只能坐在客廳看電視、打遊戲，等候老婆呼喚，上桌吃晚飯。

大龍的妻子小兔，每天一下班，就要先到幼稚園接孩子，又要繞道菜場買菜。回到家後，塞給孩子一塊餅乾，讓他乖乖在爸爸身邊看電視，自己則匆忙地洗菜、炒菜，就連上洗手間的時間都沒有。這一天，好不容易做好飯，小兔喚大龍上桌吃飯，她自己則在飯桌邊上餵孩子。大龍拖了半天，總算在小兔懶得再叫他後，才不樂意地放下遊戲機，邁著大老爺的步伐，坐上飯桌。一喝湯，大龍咋了一下嘴，大聲喊道：「忘了放鹽！」小兔拜託他自己加點鹽，她此刻分不開身。大龍有點不情願，沒有起身。他又吃了一口菜，立刻吐了出來，苦著臉大聲抱怨：「天啊！妳是打死賣鹽的嗎？鹹成這樣，怎麼吃啊？」

小兔長時期累積的不滿瞬間爆發，她站起來，指著大龍罵道：「你就會挑剔，就會抱怨，你沒有看到我每天忙得像狗一樣，一刻不得閒！你不但不體諒、不幫忙，還老是要當大爺，這種日子誰能挺得住？。」

大龍立刻回嘴：「妳以為我每天都在度假嘛？我辦公室裡的事情，比妳的會計複雜艱難了數十倍，為了這個家，為了那些收入，我每天要在總監面前裝笑臉、拍馬屁，這種工作妳幹一天都要受不了！回到家，我已經累到沒法子動了。妳一下要我幫孩子洗澡，一下要我倒垃圾，到頭來，連一頓飯都吃不好，妳還嫌我這嫌我那的，大不了大家都不要過日子了。」

孩子一看父母吵得不可開交，張大了嘴，哇哇大哭。這一哭，不得了，或許是嚇到了，居然將剛吃的晚餐吐了一身。

這一晚，大龍與小兔都鐵青著臉，不再說話。小兔把大龍的被子與枕頭扔在客廳的沙發上，碰的一聲，關上了臥房的門。大龍氣得把手上的啤酒杯，狠狠地朝廚房的地上摔去。

第二天，大龍下班後，刻意拖拖拉拉晚回家，一開門，房裡是黑的，廚房的爐子是冷的，大龍知道，小兔帶著孩子回娘家了。他心想，沒什麼了不起，後面巷子有的是餐廳，他刻意選了家平日捨不得光顧的牛排店，一口氣叫了二十盎司的澳洲牛排特餐，外加一杯冰鎮的比利時生啤。這一餐，大龍吃得好不快活。

第三天，大龍回家的腳步有點加快，可是，家中還是沒人，小兔的氣依然沒消。

此時，大龍終於感受到問題來了，危機出現，他與小兔的爭吵如何面對？他能夠逃避嗎？當然不行。於是，「面對它」吧，此事必須善了啊！

面對問題後，要「接受它」，接受問題的存在。接受自己的不夠體貼，接受小兔的過於勞累，接受自己的壓力沒有紓解好，才釀成大禍。如果這個僵局持續下去，他們的婚姻或許真要亮起紅燈了。

下一步呢？沒錯！要「處理它」。

隔天下班，大龍刻意買了袋水果，就去小兔娘家按門鈴。大門一開，岳父大人大大嘆了口氣道：「哎呀！你總算來了！」岳母也跟著探出頭，開心地對著屋裡喊：「小兔！妳老公來了啦！迷你兔，趕緊出來，你把拔來接你們了！」然後，岳母又輕聲跟大龍咬了個耳朵道：「沒事了啦！我們小兔也有錯，不該大聲修理你，沒事沒事！」

終於，大龍「處理」好這個問題了。

回到家的第二天，大龍下班後，難得繞進菜場，花店還沒關，他買了束小兔喜歡的香格里拉紅玫瑰。進了家門，小兔一手拿著故事書，讀著故事給小小兔聽，一邊一頭大汗地在煎大龍喜歡的虱目魚。大龍將花遞給小兔，小兔放下鍋鏟，一臉驚喜地接過去，還是故意帶點嗲聲地說：「這麼貴，你也買得下手！」大龍也跟著做戲道：「妳既然嫌貴，我馬上拿去退！」小兔輕輕推開大龍說：「好了啦！你去看電視啦！不要在這裡搗蛋。」大龍順手抱起小小兔說，他先幫孩子洗澡去。

開飯了，大龍對幾樣菜讚不絕口，只是，要注意，此時就是「放下它」的時候。大龍絕對不可以對著小兔說：「妳看吧！妳那天的菜如果專心一點，油鹽沒有亂放，我也不會嫌啊。」倘若如此，禍端或許再起。

相反地，大龍應該要對著小兔說：「小兔！說句老實話，妳也真是辛苦，一下班就要做這麼多事。這樣吧，以後我來負責洗碗，妳看怎麼樣？」小兔的反應可想而知：「才不要！你一定洗不乾淨，還不是我要重洗一遍。你只要唸故事給迷你兔聽，不要讓他來廚房吵鬧，我就阿彌陀佛了啦！」

瞧！如此「放下它」，豈不是圓滿到不行？

看了這一段夫妻吵架的實況報導，您對「四它」，是否也就過目不忘，而且充分理解聖嚴師父說過的那句話：「佛法這麼好，可惜知道的人那麼少！」

聖嚴師父說過：「逃避不能解決問題，只有用智慧把責任擔負起來，才能真正從困擾的問題中獲得解脫。」又道：「禪的態度是：知道事實，面對事實，處理事實，然後就把它放下。」

我有許多不好的習性；愛鑽牛角尖，也是我很麻煩的一種痼疾。

譬如說，我總覺得自己所處的大職場裡，人際關係是至為複雜又虛假的巨石，我看不慣很多現象，也不屑於滾入洪流。所以，一碰到阻礙或是問題，常會埋怨整個職場的制度與人事太過市儈，人與人之間只有爾虞我詐。除了聲色犬馬，大多數人的談吐都言不由衷，俗不可耐。是以，時時以受害者自居，聲聲自怨自艾，幾乎過不了幾天好日子。

好在跟著聖嚴師父學佛，讓我懂得以佛法洗滌瞋恨與濁念，尤其是習得了「四它」的法寶，一而再、再而三地在日常生活中練習後，逐漸懂得了自省與懺悔，也知道不再逃避問題的存在，在處理與放下之間，取得了內心的安定與平衡。

人的想法，隨著年紀的增長，也會改變。年輕時包容力強，愛熱鬧；年紀大後，怕麻煩，也沒了耐性。有些場合，一旦不想去，就懶得去應卯，當然也會得罪人。後來想通了，只要到場露個臉，與主人打過照面，就找個空隙，瞬間溜走，鐵定不會有人發現。慢慢地，倒也深切體會到，超過能力範圍的工作就懂得拒絕，免得吃力不討好，裡外不是人；盡可能親近善知識，吸收到正面能量，讓好的磁場在自己身邊流動；盡可能包容他人的缺點，替他人著想，興起「同理心」，自己的心境肯定會有轉化。

運用「四它」，真的很簡單，起碼要比我在學校始終學不會的「三角函數」實用且有益身心得多啊！

行過以後

聖嚴師父說過：「慈悲待人，是幫助他、寬恕他、包容他、感動他；智慧對事，是面對它、接受它、處理它、放下它。」「要能放下，才能提起，提放自如，是自在人。」

我們經常在親友撞見巨大煩惱時，勸解親友「放下吧」。其實，我們自己對於放下的認知，或許都未必全然明白呢！正如聖嚴師父所說，要能放下，才能提起；心不執著，才能在日常生活中，不逃避問題，不害怕逆境。

我是個容易衝動的人，加上面皮薄，只要答應朋友的事，如果沒有付諸實施，就會全身不舒服，好像過不了自己這一關。曾經，我接受朋友的邀約，將她的作品拍成連續劇。由籌備到開拍，歷經了很多的波折，就連業界的好友都私下勸告我，不要硬闖，會出問題。我咬著牙，硬是做成了。只不過，後續的問題一波接著一波，基本上，等於做了白工，落了個空打水漂的下場。好在，當時的我已經學會了面對問題的「四它」，雖然沒有賺到該賺的錢，縱然心中多少有所罣礙，但最終還是不再優柔寡斷，咬著牙決意放下它，也放下了所有的不甘與瞋念，算是金盆洗手，不再碰觸那一塊我能力有所未逮的行業。

此一「放下」，換來了我後面二十年生活的水波不興。

在此祝福所有的讀者，都能將「四它」做為日常生活中必備的「醫藥箱」，只要遇見問題與逆境，就趕緊打開來，立刻使用，保證可以藥到病除，而且藥性不退，永久有效。

我來吧！

世俗人際的繁雜多變，像是感冒病毒，讓人能躲則躲，能避就避。有時，分明是椿利人也利己的美事，但事後坐享其成的大有人在，主動涉足入裡的卻乏人問津。

兒時，遇到抬便當、搬風琴……等稍微費體力的事，老師會徵求自願者，我經常是那第一個舉手的。我並非刻意發揮所謂「急公好義」的童軍精神，我真正想要博取的是老師在你舉手時，飛快閃過的那道讚賞有加的眼神，縱然那流轉神速的眼波，在你臉上停頓的時間真如電光石火般，稍縱即逝。可是對我來說，那已是熏染我一天好心情的聖品，有如為紅蛋上色的的色素，具有神祕的能量，令我情不自禁。

舉手，就此成為我體內的某一祕密神器，類似彈簧，只要腦子一觸遙控，瞬即蹦出。

誰能想像，舉手，竟能於日後造就出我與聖嚴師父的良因善緣。只不過，那次的舉手，層級不同了，是與發願有關。

聖嚴師父經常勉勵大眾：不要怕發願，不要認為發菩提心是件艱難的事；只要有願心，就一定可以做出利益眾生的事。

雖然師父捨報已十餘年，但是師父教導出許多優秀的僧俗弟子，已在世界各地開枝散葉，肩負起弘法傳法、度化眾生的重責大任。

有一回，在法鼓山的臺北安和分院，果慨法師連續幾天開講《法華經》。最後一堂課，法師勉勵我們要記取聖嚴師父的教誨，每天起床，尚未漱洗前，就要向佛菩薩發願，如此一來，必能讓這一天，有個精進積極、美好又幸福的開始。於是，多年來，我每天早起都要發願：

一、我願做利益他人、利益眾生的事。

二、我願努力改掉不好的習性。

三、我願認真修習佛法，絕不退轉。

魯鈍若我，身上的毛病當然極多，幸運的是，我遇見了聖嚴師父。有了師父的鞭策，雖然還是會在日常生活中失誤犯錯，好在已有一道隱形的框架守護著我，使我心甘情願依循佛弟子應有的身口意行，時常檢點自己的言行。

所謂發願，或謂發心，也就是發菩提心。我本來對發願缺乏正確的意識，非常慶幸地，就在親近聖嚴師父的過程裡，我竟然一一體會出，以行動來實踐菩提心，是多麼幸福的事。

回首過去六十多年的歲月，在我的生命中，造成關鍵性改變的契機，出現在一九九五年的三月，我參加了聖嚴師父主持的「社會菁英禪修營」，簡稱「菁英禪三」。

禪三過後，我幾乎每天都沉浸在曼妙的法喜之中，不但在朋友的聚會裡，分享我的禪修經驗，也拚命鼓吹且主動幫助朋友報名，參加持續在辦的禪修活動。

此處先打個岔，說個禪三的笑話給您開懷一下。我參加的是第八期菁英禪三，同梯次的名人很多，例如臺灣文壇著名的姐妹花——施叔青、李昂。或許那幾天的感受太強烈，我們經常私下聚會，回味禪三體驗的美好況味，並彼此督促勉勵，要經常共修，成為彼此的善知識。某次聚會中，一位師兄說，他打完禪三回家後，包括妻子與兒子，都覺得他脫胎換骨，好像換了個人。

每天上午，他照常要開車載著妻子一同上班。處在通勤時段的龐大車流中，是他最為焦慮的時刻，只要任何車子想插隊，他就猛按喇叭，堅持不讓，甚至舉起中指，表達不滿。但是，參加禪三後，遇到相同的情景，他竟然禮貌地大手一抬，讓對方進入自己的前方車道，毫不介意。他的妻子以怪異的眼神打量他，不可思議地搖頭偷笑。

此外，他的兒子考試回來，成績難看，若是以前，肯定要出手修理。這一天，兒子又考壞了，他不但沒有責罰，還摸摸兒子的腦袋，親切又溫和地鼓勵道：「沒關係，下一次要努力一點喔。」

誰知道，一週過去，短暫「失常」的他，又恢復了原先的模樣，該發狠按喇叭，該比中指時，他絕不手軟。兒子小考，成績依舊不理想，他連罵帶K，凶若猛虎。以至於兒子哭著跟媽媽說，能不能再把爸爸送去打禪三？

可見，修行不是一天兩天的事，必須持久向前，自我要求。不可像放暑假似的，動不動玩上兩三個月，荒廢怠惰，前功盡棄。因為長時放浪後，就算有一天浪子回頭，都要耗費更大的毅力與決心，非得忍痛剝掉一層皮，才能重新回到身心寧靜的修行軌道上。

禪三過後沒多久，我接到聖嚴師父的機要祕書廖今榕師姊的電話，要我在某日的午後，前往農禪寺參加一個由聖嚴師父主持的會議。當天一到現場，我發現真是眾星雲集，許多電視臺的一級主管、著名製作人都出現了，原來他（她）們都是聖嚴師父的皈依弟子。

師父開宗明義地說，臺灣的電子媒體面臨開放，許多宗教團體也都紛紛成立了自屬的電視臺。師父想聽取在座專業人士的意見，做為日後評估法鼓山透過媒體弘化的參考依據。這個會議很熱鬧，各種意見交相出現，我雖然也是媒體人，但閱歷不同，見解自是有所差距。就在會議尾聲，師父說，他全世界跑透透，就連南美洲的智利都去過了，為的就是向世界各地人士分享漢傳佛教的禪法，但是從來沒有人幫他做過記錄。師父又說，兩個月後，他將返回紐約弘法，並且前往威爾斯，在布里斯托大學演講，另外還要帶一個由當地菁英組成的禪五活動。師父懇切地說：「不知道這趟行程，在場有哪位菩薩可以同行，擔綱記錄的任務？」

師父一說完，在座的十幾位專業人士，都非常快速且默契地低下了頭，我自然也是其中之一。就在那一瞬間，我的腦子快速閃過各種念頭，急切又焦慮地煩惱著：「怎麼辦？師父都已經開口了，居然沒有一個人舉手，怎麼辦？師父不就非常難堪了？」眼看僵局持續，我那敏感的腦內機制即時啟動——舉手！見到我舉手後，師父很歡喜，當眾感謝我的發心，所有的與會人士也都回頭看我，給了我鼓勵的掌聲。

多年以後，我曾分析自己當時舉手的心態。首先，避免讓師父處在尷尬的當口，是我的首要動機。其二，在與會者當中，我是最小的角色，加上我是公司負責人，不必向上級請假兩個禮拜不說，節目提早預錄幾集存檔也不是難事。第三，紐約我雖去過，但是英國還沒到過呢，跟著師父出國，肯定可以看到一般觀光客看不到的景物，遇見過去不可能遇到的人，想必也挺好玩，不是嗎？

等到這趟行程真正出發後，我才愕然發現，遠遠沒有想像般的有趣好玩。在師父面前，我像隻頑劣不群的猴子，不守規矩，言行無方，處處招惹了師父的狠狠收拾。說來也奇怪，我的劣根性，在師父面前，竟然沒有任何躲藏的餘地，哪怕是喝水吃飯時順便做點怪，都會被師父抓個正著，想要賴都賴不掉。

勉強完成海外兩週的記錄工作回臺後，我趕緊將拍攝的材料剪輯成半小時的紀錄片《四海慈悲行》，一心只想快快交差了事，好逃脫師父的手掌心。依照我的想法，試映會議上，頂多是師父親自來看看，提出點意見就算了。沒想到，師父竟然把僧團的執事法師都找了來，成了大陣仗。看完試片，我的職業症候群發作，慢心大起，自視作品很好，無法接受僧團法師提出的意見，不但當場露出不豫之色，還振振有詞地反駁任何建議。眼看局面有點僵，最後還是師父打了圓場，提出了我能接受的意見，才讓我順利地找到了下臺階。會議結束後，我有點後悔，心想師父往後大概不會再差遣我這個差勁的弟子去做任何事情了。

是的，我自己也承認，如果我是聖嚴師父，眼見這個不成材的弟子，沿途不斷犯錯不說，回到臺灣剪輯片子，竟連接受批評的雅量都沒有，看來真是孺子不可教也，乾脆早點放棄、即時放生算了。

好在師父並沒有把我給淘汰出局。很自然的，因為跨進了農禪寺，跟隨著聖嚴師父進進出出，我有了機緣，認識了許多各行各業，都是師父弟子的師兄、師姊。他（她）們在毫不張揚的情況下，默默承擔起各種吃力不討好的工作。例如出面去與農禪寺周邊敦親睦鄰；烈日下，匐地整土，割草、種菜、鋪石；颱風鬧水災，農禪寺淹得一塌糊塗，有人連夜趕去搶救物品，事後清理又臭又髒的災後環境；又熱又小的大寮（廚房），一群人揀菜、洗菜、切菜、炒菜，料理出數百、上千人的飲食。他（她）們全都本著「我來吧」的精神，沒有推辭，沒有閃躲，沒有爭功諉過，只有全力以赴，任勞任怨。他們的行儀，非常自然地映入我的眼裡，不知不覺中，我的心境逐漸產生了變化，原來「我來吧」不是我的專利，他（她）們才是師父口中真正的人間菩薩。

老實說，我還真是慶幸那天在農禪寺會議中，那記福至心靈的即時舉手。如果沒有那回果斷的「我來吧」，我的下半生故事，肯定是要重寫了。

聖嚴師父說過：「需要人做，正要人做，沒有人做的事，我來吧！」

「怕事、躲事，是很多人的本能反應；但是得以利益眾生，替社會大眾謀取福利的事情擺在眼前，沒有人願意承擔時，那麼，就一聲『我來吧』吧！」

「承擔一件別人都不願承擔的事，其辛苦是可想而知的；只不過，就算再累，內心還是會非常歡喜的。」

我沒有智慧，但是在學佛的過程裡，因爲誤打誤撞，反倒讓我蒙受了發菩提心的甜美果實。那一次的即時舉手，便是鐵錚錚的實例。

接著下來，有更為驚喜的頭彩，降臨到我身上。

首次跟著師父出國弘法後，沒過多久，我又接到廖祕書的電話，說是師父有要事想找我談，要我在某日前往農禪寺會客室報到。我還在狐疑中，我家的老婆已然十分興奮，她說，師父一定又有重要的任務要交付給我。

果不其然，才跨進會議室，師父開門見山就說，有一位弟子要發心出資，支持師父在三臺（當時只有老三臺）的任何一個頻道，開設一個宣揚佛法的電視節目，這個節目，就讓我來負責製作。我當時真是意外加上驚喜，沒想到師父還真有魄力，不但不計前嫌，包容我上次出行的斑斑劣跡，還將如此重要的任務，交到我手中。

有如一只灌足氣的籃球，就連走路都要彈跳起來，那一雀躍難禁的興奮之情，簡直就是古代中了舉的狀元。我火速在公司召開企畫會議，還找來一些行當中的好友，如柯一正、左菁華等人集思廣益。最終決議，安排聖嚴師父與臺灣各個行業的專業人士，針對全民關心的環保、婚姻、教育、親子等各種議題，做意見的交換與佛法的詮釋。

師父也迅速同意了節目的企畫方向。我們提出了幾個節目名稱讓師父選擇，副標題「與聖嚴師父對話」，師父沒有異議地通過，但是主標卻全不鍾意。最後，師父說，既然都是與各個行業的專業人士對話，那就取名為「不一樣的聲音」吧！我一聽，果然大氣，果然是師父有智慧！

第一任主持人是施叔青，過了一段時日，再換上蘇偉貞，她倆都是著名的文學家，也替節目增添了不少文藝氣息。後來為了更能切中時代的脈動並結合時事，我們又找到媒體人葉樹姍來擔綱主持人的重任。

師父每年的春秋兩季，都安排有海外的行腳，所以，五月與十月，是我帶著攝影師跟隨師父行走世界的重要時刻，那也是我為師父製作的第一部紀錄片《四海慈悲行》的延伸。我們將師父弘法的行腳剪成節目帶之後，也在《不一樣的聲音》節目中播出。

此一節目一做就是十年，一直到師父生病，無法再四海奔波，也停止了攝影棚的對話訪談後，才不得不落幕。

曾經有業界的朋友指著我的鼻子，非常不以為然地跟我說：「你究竟是何德何能，竟然有此機會，跟著聖嚴師父全球走透透？師父在業界的弟子多得是，憑什麼是你？」當時的我不想多說什麼，只能笑笑。其實，那次會議中，那人也在場，他應該也知道，一切的源頭，就在我舉起手的那個剎那——「我來吧！」

原來，「我來吧！」就是我這一生中最為神奇的「幸運符」。因為「我來吧！」，讓我如坐擁金山，擁有享用不盡的福報，即便在聖嚴師父圓寂十餘年以後的今天，仍能再次透過文字，將師父當年給我的當頭棒喝，以及無盡的身教與言教，轉化成三十三份禮物，分享給世間所有與這本書結緣的讀者，也就是此刻正閱讀著的——您。

第6條

知慚愧

我生來就有大大小小的缺點與不好的習性，例如自尊心很強，極好面子。哪怕是人們無心的一句話，或是一個不屑的眼神，都會讓我受傷，輕易招來不必要的挫折。也就因為自尊心的作祟，我倒是知道好歹，珍惜別人對我的好，也會反省自己的言行出錯。不過，我是真的知曉慚愧嗎？

自小，我始終認為大嗓門是我的強項，是我的優點。我倒從未思考過，一個人為何習慣大聲嚷嚷？我沒有讀過相關的心理分析文獻，僅從自己的經驗和觀察予以解讀。有一種說法，或許是企圖博取他人的注意，需要某種認同甚或讚許。另外一種，有人說，如果聽力不佳，會下意識地認為別人可能聽不清楚，於是不自覺地提高聲量，就怕自己的意見無法傳達。另外，也有人說，人在說謊時，嗓門會特別的大。

我想，我的大嗓門習性，應該是源自第一種吧！

從小在眷村長大，一群毛孩子圍聚在一起玩耍時，要想讓自己的聲音被孩子頭聽到，就要使盡力氣，出聲壓制他人。此外，家中人口眾多，五個孩子為了博取大人的注意，當然要大聲一點才能出頭。如同我們時不時地輪流裝病躺平，想引起大人關注，期待大人用那溫熱柔軟的手，甚或以他們的額頭來膚觸我們的額溫，判斷是否發燒。

或許習慣成為自然，或許我習以為常的大嗓門習氣，就是刻意用來壯大膽子的，尤其在夜晚玩耍官兵捉強盜的遊戲時，大嗓門還可以把魔鬼給嚇跑……。上學後，我的大嗓門經常引起老師與同學的側目，一有演講比賽或上臺表演的機會，老師與同學都會推舉我出馬。及長，任何會議或是有議題的聚會，我都會被點名發言，甚至有人會鼓動我說出別人想說卻不敢說的意見。我自己其實很清楚，什麼學富五車、涵養深厚等形容都與我無關，只因自己一副大嗓門，我就是那張飛再世，天下沒有什麼難事可以嚇跑我！

一九九五年五月，生平第一次追隨聖嚴師父出國，我的興奮之情，與幼童跟著幼兒園老師去遠足一個樣，興奮過了頭。當我抵達紐約的東初禪寺，與紐約聘請的攝影小組會合後，腎上腺瞬間爆發，就急著在師父面前「顯擺」一下，立馬吩咐攝影師架起攝影機，跟著我大步入內。或許師父已經發現我的行事著實喧囂，於是小聲叮嚀我：「今天是禪七的最後一天，禪眾仍在精進用功，務必注意要減低音量。」我當然立即點頭。

師父有意領著我們離開一樓禪堂，留給禪眾一方清涼之地，便輕聲對我說，帶我們到二樓參觀。東初禪寺是典型的三層木造舊式建築，地板自然也是木造的。師父領著我們，率先踩著木板樓梯拾級而上，腳步輕盈，狀似沒有重量的輕功；而階梯都像是臣服於師父腳下的子民，心悅誠服，萬般妥貼。但是，走在師父身後的我，每踩上一個階梯，階梯就像膝蓋退化的老人，發出嘰嘰嘎嘎的聲響，哀號不斷。師父回頭瞪我一眼，以食指在唇間一比，示意我放輕腳步，可是，我哪有能力制服得了當時躁動跳躍的心緒？每踏出一步，腳上穿的，不是棉絮，而是鐵鞋，這一下，不讓臺階聲聲喊著疼痛才是奇怪呢。

師父介紹了他的臥房，頂多六個榻榻米大。我問師父：「床呢？」師父打開壁櫥，取出墊席與枕頭，往地板一鋪，當下平躺，告訴我這就是了。我問：「這麼窄，能翻身嗎？」師父說：「當然可以。」還翻身給我看。師父起身，收拾好被褥後，又再次低聲叮嚀我：「小聲一點！」

接著，我們行到禪寺後院的一畦空地，那裡種植有不少花草。剛好，春臨紐約，橙的、紅的、紫的、黑的鬱金香、玫瑰、茶花等，爭奇鬥豔的全都開了。師父一個快步，已經打算進入後院的另一棟房子，我一急，趕緊吼叫：「師父，先別進去。在此多留一會兒，鏡頭才能帶到這片美麗的花草。」師父自然又折了回來，但是臉上帶點不豫之色，低聲說道：「光斗菩薩，不是一開始就跟你說過，禪七還沒有結束，隨時都要輕聲細語嗎？」我臉紅了。兩位老外工作人員不懂中文，只是傻傻地看著發糗的我。

數日後，大隊人馬在某個夜深人靜的午夜，登上飛機，轉進威爾斯，師父將在那裡主持一場禪五，以及假布里斯托大學舉行的一場演講。只是我很好奇，這麼多的航班，為何獨挑紅眼班機？眼見師父年事已高，身體狀態也不是很好，更何況一下飛機就要不停忙碌，如果在飛機上休息不足，體力如何得以維持？於是，我不解地開問了。師父告訴我：「弟子買了哪班飛機的機票，就坐哪班飛機。」我碰了一個小小的釘子。更意想不到的是，登機後，師父竟跟我們一同坐於經濟艙，手腳都拘束著。等到空服員調暗機艙燈光，方便乘客休息，師父對我比了一個安靜的手勢，就立刻開啟座位上的頂光，拿出筆與筆記本，開始密密麻麻的寫起文章。

多次之後我才得知，師父的機票，都是由一位在旅行社服務的弟子，收集大紐約多位信眾所供養的里程數所換取的。師父從來不會過問日常生活中，有關個人食衣住行上的任何細節，永遠將信眾與眾生放在首位，自己排在最後。

到了威爾斯，我們先是前往師父的西方弟子約翰．克魯克博士的一所鄉間農莊，那是克魯克博士的母親留給他的，他將農莊改為禪堂，有近三十位禪眾參加師父主持的禪五。師父為了避免攝影小組的出現打擾禪眾，特別放我們大假，前三天不要我們出現，等到禪眾的身心都進入安定狀態後，再讓我們開始拍攝工作。

玩耍了三天，開始想念師父了，終於得以由民宿轉進到禪堂。禪堂的後方，是一整片起伏有致、綠草如茵的山坡，一群群白色的大小羊隻，成群結隊地徜徉在綠野草地上，真是迷人又美麗。小小羔羊尤其可愛，叫聲像極了小嬰兒的嬌聲哭啼，簡直萌極了！我大概興奮過度，大聲地跟老外攝影師研究拍攝的角度不說，更是扯著嗓子，要求在山谷另一頭的師父往攝影機的方向行走過來……。

師父大概真的被我的粗線條給困擾了，一走到我面前，就睜大了眼，以氣聲跟我說：「張光斗菩薩，你是怎麼了？我一再提醒你，禪眾在打坐，說話音量要放低，你怎麼老是聽不懂？」我頓時發現，師父真是生氣了！師父最早是叫我光斗菩薩，後來發現好友都叫我阿斗，也就跟著稱呼我阿斗菩薩，後來乾脆把菩薩也拿掉，直呼阿斗。可是，這一下，師父連名帶姓地叫我，應該是非常嚴肅且不高興了！

我說過，我這人一向愛面子，就怕顏面掛不住。由紐約開始，一路上為了我的大聲習性，沒有少被師父修理。此刻，在老外工作夥伴面前，又遭到師父訓斥，當下有點扛不住，臉色一下子就陰沉地垮了下來。正當我站在原地發糗，已經走到幾丈外的師父，忽然又回過頭，朝我走來，我心想，師父顯然是打算繼續數落我，那也是沒有辦法的事，姑且就聽候論處了。沒想到師父竟然如川劇變臉一般，忽然換了個人似的，和顏悅色地跟我說：「現在正是英國人的下午茶時間，走！師父帶你到齋堂喝茶去！」我一下反應不過來，更是拉不下冰凍著的一張臉，只有默然跟隨了。

進了齋堂，師父燒水、泡茶，我坐在椅子上，沒有任何動作。等到茶泡好了，師父將壺裡褐色的紅茶倒進白色的瓷杯，又由冰箱取出牛奶與方糖，問我：「要牛奶嗎？」我點頭。倒好牛奶後，又問我：「要方糖嗎？」我點頭。師父再問：「一塊？」我搖頭。「兩塊？」我點頭……。

事後，我每說起這段故事，都要招來師兄、師姊的責備，他們異口同聲地消遣我，究竟是何德何能，居然敢讓師父如此伺候我？當然，我也才逐漸了悟，我這大嗓門的習性，只是眾多惡習之一，有如露出水面的冰山一角。師父花了如此大的力氣來調教我，我卻魯鈍無知，與師父賭氣。

也是後來，我才由師父的出家弟子口中得知，師父是看弟子的根器來調教的，不是每個人都有機會接受師父的訓斥。而且，師父是明師，他的憤怒之相是演出來的，而不是真的動怒；隨時可提起，隨時能放下。是故，每位被師父調教過的弟子都知道，師父像是慈父，嚴詞糾正弟子的錯誤後，兩秒鐘不到，就又會回頭摸摸你的頭，勉勵你要記得錯誤，不要動不動就重蹈覆轍。我認為這是師父最讓人感動噴淚的「慈悲的溫柔」，每每憶起，都要紅了眼眶。

如是這般，對治我大嗓門的習性，等於是師父送給我的第一份見面禮。師父讓我慢慢心生慚愧，學習改正，便是我逐步成長的一個重要起點。

行過以後

聖嚴師父說過：「慚愧是佛教的專有名詞，『慚』指的是對不起自己，也就是『自慚形穢』；『愧』指的是對不起他人，所以說『愧對於人』……。如果能夠常把『慚愧』兩個字放在心頭，則會有三大好處：第一是不敢懈怠，會非常精進、努力。第二則是非常謙虛，不但見到任何人都會尊敬，並且會無條件地幫助人。第三是能夠忍辱負重，因為懂得慚愧，所以難行能行、難忍能忍、難捨能捨，這就是菩薩精神。」

大嗓門，就是我初嚐慚愧心的叩門磚。

將大嗓門與慚愧心，連結成導正不良習性的準繩，也絕對不是我親近聖嚴師父之前所能預料到的。

有一回在印度的一間餐廳，服務我與幾位朋友的服務生，先來詢問我們，想點什麼飲料，回答他之後，轉了一個圈，他又回轉過來，不太有耐心地催問我們想吃什麼。我跟他說，飲料先來吧。他皺了一下眉頭，轉身向廚房大吼一聲，嚇了我們一大跳。我的紅線被服務生踩到了，於是，換我大聲責難他，豈可如此無禮？難道是不歡迎我們，希望我們都離開餐廳？

見到我臉紅脖子粗的模樣，服務生大概也有點意外，趕緊退到一邊，換了另一位服務生過來。同行的朋友勸我，原先那服務生應該沒有惡意，大嗓門或許是他習以為常的習性，不用在意。

等到我的心跳恢復正常，一股歉意，反倒自飢腸轆轆的肚子裡油然而生，我自然聯想到自己的大嗓門習性。每當我扯著嗓子喊話，尤其是不恰當的場合，師父被我嚇到瞠目結舌，我有體會過師父的心境嗎？那服務生向廚房大吼，對的是他的同僚，或許是他們自己的溝通方式，而不是刻意針對我，我又何必過度敏感，覺得被冒犯了？

等到飯食結束，買單走人，我故意落在最後面，手中放了十元美金，快步走到那被我兇回去的服務生身邊，伸出手。他起先有點手足無措，但隨後理解到我神色中的友好訊息，知道我要與他握手，就趕緊伸出手來。就當我在握手的過程中，將小費過渡到他手上後，他非常訝異，低頭確認後，立刻對我彎起腰，筆直地鞠了一個大躬。我以我的破英語鼓勵他，以後說話別太大聲，要溫柔點，他把一排白牙都笑了出來。

師父對「慚愧」二字解釋得真好，「慚」是對不起自己，「愧」是對不起他人。因為大嗓門，給了我與起慚愧心的機會。因為知道慚愧，讓我有了同理心，要站在他人的立場去度量事務。至於修忍辱，那就是另一個嚴肅的課題，絕對會影響到人生的每條出路。

感恩順境，也感恩逆境

一九九六年起，前後十年，在中視頻道製作的《不一樣的聲音》節目，安排師父與各行各業的來賓對談，涉及到婚姻、愛情、親子、學校、職場、未來趨勢……等各式話題。直到最近，我還聽到許多師兄、師姊反映，應該將師父與來賓的經典談話重新整理，讓大家除了溫故知新之外，也能夠利益到過去不曾收視過此一節目的觀眾。

當年，為了儲存節目的播出數量，也為了爭取師父忙碌難取的時間，每回錄影，少則三集，有時要錄上四集，這對師父的體力應該是頗大的負擔。但是，師父從未干涉我們的作業，無論錄製幾集，總是精神奕奕地走進攝影棚，照單全收。重點是每集的來賓錄完影後，都會歎服師父的博學多聞與高度不同的論事觀點，就連中視的錄影人員都為之佩服不已，每回進棚錄影，還有其他的員工聞風而來，現場聽聞師父的過人見解。

《不一樣的聲音》，這個節目的名稱，取得還真是好，我也因而聽到許多來自不同角度的聲音。

就在節目順風順水地播出後，意外地，我開始聽到一些不太順耳的話，大意是說，師父在影視圈的弟子很多，憑什麼讓張光斗來替師父製作節目？聽說製作費還不少，張光斗肯定是賺翻了……！實則，錄製此一節目，從頭到尾，師父與我都沒有領酬勞。

面對不實的流言，一開始，我不以為意，慢慢地，類似刺耳的聲音又來了，我開始在意，並且動怒。就在衝動的情況下，數次向師父請辭，並表白願將此一工作讓給他人來做。師父起先不理我，某日錄完影，我再次向師父表明辭意，師父一招手，要我上車，師父正要趕去另一個地方參加會議。

就在車上，師父開導我說：「每集節目的預算就這麼點錢，我知道的啊！賺錢？能賺什麼錢？有什麼錢好賺？」又說，他不是不能換人來製作，但是他很忙，真的很忙，好不容易教會我的團隊如何來製作好這個節目，如今真的是沒有時間、沒有精力再教導另一支團隊。師父勉勵我，不要再鑽牛角尖，不要聽信外面的任何傳言，專心地把節目做好就好。師父還說，只要好好學佛、好好做人處事，不會有問題的。

到了目的地，我與師父先後都下了車。我向師父合十道別，師父也合掌給我祝福，瘦細的手腕因而露出於僧服外。我忽然十分不忍，覺得自己真是不懂事，明知師父身體不好，又極為忙碌，為何還要將傳言為難自己不說，還進一步為難師父？

慢步走在人行道上，我開始反省，是否我的言行出了什麼差錯，才惹得他人出言不遜來教訓我？很快地，我想起每次遇到識與不識的人，恭喜我有好福報，可以替師父做節目，還能追隨著師父全球走透透；我頂多只是笑一笑，甚至心中還起了慢心，認為當初開會，師父詢問有誰可以隨行出國拍攝弘法記錄，座中只有我一人舉手響應，日後機會落在我頭上，就是再自然不過的事。所以，就算是福報吧，師父將此一福報送給我，也是天經地義的事……。

沒錯！一旦我慢心起，臉上的表情肯定是惹人嫌惡，那種倨傲的態度，任何人見到都會不愉快。於是，我叮嚀自己，往後若是再遇到類似的場合，我的腰要彎得更低不說，還要自心底生起感恩心，肯定自己一定是哪輩子做了好事，這一生才能有此大福報，隨侍在師父的身側。

真的，有此意識後，只要任何師兄、師姊讚歎我，我都是謙遜地雙手合十，彎腰回禮。久而久之，奇妙的事情發生了，那些不好聽的聲音，居然都一一消音，而且永遠消失。好友跟我開玩笑，說是我謙卑彎腰的剎那，就算仍有人想發出暗箭，那支箭也會落空，射不著我了。

放心將節目製作的工作交給我，師父對我的完全信賴，讓我感懷於心。印象最為深刻的是有一集海外專輯，師父到柏林弘法，為當地的一群知識分子主持一場五天的禪修活動。期間，我們走訪了全球知名的柏林圍牆，對東西柏林的過去與現在做了巡禮。這段紀實影片在《不一樣的聲音》節目播出後，有天在中視錄影，師父把我找了去，說道他太忙，沒有時間收看節目，但是有人向師父反映，說是柏林行腳的這一集節目裡，後製沒有下側標，讓觀眾明白我們到訪的正是柏林圍牆的舊址。師父說，製作人的職責很明確，要保證節目的品質。我向師父道歉，承認是我們疏忽了，往後一定會記取缺失，更加留意。師父點了點頭，沒有再說出任何責備的重話。

有時候，花費了很大的力氣做一件事，但在最後關頭，一個不注意，暴露一處不夠完善的破綻，就會造成無法彌補的遺憾，將所有的辛苦都付諸流水，這的確是樁得不償失的失誤。自此之後，我越發地留意細節，也交代工作夥伴，千萬不可在工作範疇內，因為大意粗心，犯下自己都無法原諒的錯誤。

我非常感恩那位向師父反映的菩薩，因為這一記當頭棒喝，給了我與團隊反省改進的機會。

另有一回，在英國的倫敦，發生了一件不愉快的插曲，但是因為師父的智慧與臨場反應，不但化解了不愉快，也為周遭的人做了次情緒管理的最佳示範。

那天，師父要在倫敦一間華文學校的禮堂，做對外的公開演講。師父在預定的時間前到了學校，主辦單位先行延請師父在會客室休息，等到時間接近時，再陪伴師父正式進入會場。

等到演講的時間快到了，主辦單位的一位負責人氣急敗壞的衝進來，當場稟告師父說，禮堂的入口處，某一團體擺了攤位在義賣，辯稱場地是他們租借的，不讓師父從攤位的中間經過。師父就問，那怎麼辦？還有其他的進場入口嗎？主辦人說，只有後門，後門倒是開了，聽講的來賓都是由後門進入的。師父點頭道，沒關係啊，從後門進場就是。負責人非常氣憤，簡直要哭出來了，他說這不成體統，對師父是大不敬，怎可讓師父委屈地由後門進場？師父自在地拍了拍負責人的手，安慰他道，只要可以進會場，無論是前門、後門都是一樣的。

演講非常成功，觀眾的反應也非常熱烈。散場後，負責人的怨氣未消，再三向師父道歉，並大罵那個團體的不是。師父反過來勸慰負責人，師父分析道，這只是團體主辦人的偏差行為，不要連帶著去責怪他們遠在臺灣的高層，這絕對不可能是臺灣高層的授意。師父接著又說，身在海外的華人，舉辦任何活動都不容易，不但要廣結善緣，更應該彼此協助，不分你我。師父勉勵負責人，逆境來了很正常，只要把問題解決了就好，動怒與記仇都不是好事。負責人聽了師父的開示後，立刻笑顏逐開，並開心地分享起觀眾對師父演講的推崇與讚美。

師父從小就離鄉背井，出家、讀書、從軍來臺、二度出家、東渡日本深造……，一路幾乎都在旅程中顛沛、受難。所遇到的逆境，如果要細細道來，還真是字字血淚。可是，師父不會與逆境對立，經常事過境遷後，還感恩逆境帶來的成長。當然，難得出現的順境，師父更是感恩再三。

因為吃過太多的苦，師父對他人的寬厚，也讓我印象深刻。

每回到了一個國家，師父帶完禪修，準備離去前，主辦單位都會將一個裝有現金的信封呈給師父，其中包括了師父與侍者的機票錢，以及供養師父的供養金。師父每回接過信封後，總是回頭要我將師父的僧袋遞過去，師父由僧袋拿出信眾供養的美金，塞進信封，連同主辦單位原先的金額，又都回送給主辦單位。師父勉勵他們，難行能行，能在漢傳佛教貧瘠的土地上推廣禪法，實在是難能可貴，希望他們持續加油進取。我最是歡喜目睹這一幕，每次也都陪著主辦單位的負責人，酸了鼻子、紅了眼眶。

師父像是體貼入微、盡心盡力的大家長，除了將佛法的智慧廣為傳揚，也在經濟上給了主辦單位實質且慈悲的鼓舞與眷顧。此一風範，深深感動了我，對於日後帶領團隊，也起了潛移默化的作用。

這就是師父對感恩心的最佳詮釋吧！

行過以後

聖嚴師父說過：「感恩心，就是對我們所擁有的要感激；不管是自己的身體，和身體相關的環境，從小到現在所學習到的知識，得到與多人的照顧等。如果，沒有感恩心，就會驕傲地認為，這一切都是由於自己的努力自己的奉獻而得來的。……感恩不僅僅是對自己的長輩、上級的提攜和關懷，對自己的平輩，甚至於晚輩的相助與照顧，也都要感恩。乃至於對所有的一切眾生，都抱著感恩的心。……人的本身，就是生活在一種困難的情況下，處處有困境、事事有障礙；但是，也處處能夠通過及避過這些困境及障礙。克服困難，能使我們學到成長的經驗；因此，不論是幫助或是阻撓自己成長的人，都要對他們感激、感恩。」

感恩順境，也感恩逆境，師父一路行來，始終都是以身作則的在教化我們。

感恩順境，一般人都做得到，若是轉而感恩逆境，坦白說，還真不容易啊！重點是我們該如何去體會逆境所帶來的訓勉與調整契機。

我自己就曾深切體會過各種人生況味。舉例來說，順境的通暢無阻與逆境的困頓無路，當然是極為懸殊，但那絕不只是甜美與苦澀的對比而已。當我在製作電視節目最為順利的時候，不但《點燈》節目受到電視臺的重視，一點都無需為製作費用擔心，製作戲劇節目的機會也源源不斷，輕輕鬆鬆就能博取到好評，甚至入圍電視「金鐘獎」。只不過，花無百日紅，高潮過後，低潮必然隨後而至，這是大自然的規律，人的運勢必然也是如此。

一旦逆境當前，真的是喝涼水都要塞牙縫，昔日明明一腳就跨過去的水溝，可能一個踉蹌就栽進溝裡。是故，當我決定成立公益組織，以募款來繼續製作《點燈》節目後，就步上了過山火車般劇烈起伏的不歸路。善款如果順利地挹注進來，節目就可如常製作播出；一旦面臨斷炊危機，求爺爺、告奶奶都沒用，就是得找到活水一途可行。因此，修忍辱，懂得在屋簷底下要低頭，就成了生死存活的對應關鍵。

師父說過的，要感恩順境，也要感恩逆境，真的是面對人生磕絆的經典金句。給我們機會，造就我們成功的點燈人，當然是要感恩一輩子；絆我們一跤，背後補上一刀的人，我們一樣要感恩，因為那些挫折與羞辱，就是在最孱弱時，營養我們身心恢復強大的重要針劑。

有些道理，聽起來都懂，要想如實學習實施，的確需要耐心與毅力。我，與大多數的人一樣，繼續在匍伏前行著……。

第8條

病得很健康

為了生存，人吃五穀雜糧而生病，一點都不奇怪。只不過，不同的年紀、不同的病症，還是會侵擾到水波不生的平靜生活。

我自小多病，聽說病歷堆起來比人還高，其中，支氣管炎與急性腸炎更是常年伴隨我的夥伴。成年後，只要一貪嘴，一個不小心，就會拉肚子。我也討厭菸味，就怕癮君子在身邊，但是過去的職場就是所焚化爐，同事的香菸與菸斗從不輕易止息，我經常被嗆到受不了，躲到陽臺逃避一陣，卻還是得乖乖地回座寫稿。因此，只要一感冒咳嗽，往往拖上好幾個月，都無法根治。

於是乎，積痾必然成疾。等到年紀大了，便祕與支氣管炎，就如甩不掉的麥芽糖，緊緊黏在色身，絕不肯被療藥請出去。

如今回想，與師父全球走透透的那些年，我沒有害過大病，沒在旅程中給師父帶來困擾，還真是菩薩保佑，但是小毛病倒是不時地探頭探腦，沒有間斷過。無論是感冒或是拉肚子，師父總是從僧袋裡取出他的萬靈丹給我，也就是老一輩人習慣服用的「行軍丸」，那還真是萬用，可以治療百病。往往服用後，我那不舒服的症狀也真是減輕不少。

那些年，我老是仗著自己年輕，從不願在行李中多帶一些禦寒的衣物，有兩回，一到歐洲就受了風寒，還要師父將他的圍巾與毛衣借給我。如今回想，師父也真是倒楣，怎麼會帶著這麼一個不懂事、不稱頭的弟子在身邊，徒增一堆麻煩。

初期追隨師父，我一直認為，師父的色身是百毒不侵、百症不犯，雖不是鐵打，也應該是銅鑄的，因為佛菩薩一定隨時在照顧著師父啊。一九九七年的五月初旬，師徒一行照例又步上了旅程，完成香港與菲律賓的弘化行腳後，繼續飛往波蘭的華沙。彼時，歐洲正處於春寒料峭的乍暖還寒時期，氣溫都是攝氏個位數字，與東南亞的暑日燠熱，真的有天壤之別。照例，師父要我與攝影師先行遠離禪堂三天，等到禪眾身心安定後，再來拍攝相關的鏡頭。

在波蘭的首都華沙，與師父約定的時日到了，我與攝影師上了計程車，由民宿轉往禪堂的所在地。到了目的地，剛下計程車，就見到師父由建築物的前院慢步走了出來。一見到師父，我那合十的雙手還沒來得及放下，就發現師父不對勁！師父不但兩眼無神，眼圈黑著，雙頰深陷，就連嘴角也潰爛了。我沒忍得住，立刻詢問師父出了什麼事？師父說，太冷了，尤其夜晚，裹著兩條毯子都冷得發抖，夜不成眠。而吃的也是生冷的沙拉與麵包，胃寒生痛，極不舒服。又因沒有電力設備，蠟燭的光度不夠，刮鬍子時，不慎把嘴角也刮破了。剎那，我萬般不捨，覺著師父也太犯不著了，何苦跑來此處招罪受呢？

進入禪堂，果然發現，那是個來不及完工的大工地，就連屋頂都沒有封頂，只是用油布罩著而已。室內簡直就是個冷凍庫，每位打坐的禪眾，自頭到腳，都嚴嚴實實地以毛毯、毛帽緊緊包著。地上只點了幾根蠟燭，燭光因受風而吃力地搖晃著，彷彿連蠟燭都抵擋不住冷冽氣溫的鞭叱。再者，師父的房間密不通風，沒有窗，空氣很糟，瀰漫一股霉味，當然也冷得讓人抖顫。至於廚房的平臺上，則放了一大盆生菜，以及一盆尚未削皮的蘋果、橙子，除此之外，見不著任何提升溫度，讓身體暖和的食物。

與其說心疼師父的受難，還不如說是頹然無助的無力感作祟。我多麼想鼓動師父，搬到一家有暖氣的旅店，等到需要師父開示時，再驅車前往。但是我知道，師父一定會拒絕我，他就是一心一意要陪伴著禪眾，只要禪眾一旦心起疑雲，就能在小參室中，為他們提點心光，撥雲見日。我的胸口似乎也堵得慌，只能在後院，看著地上的殘雪，兀自鬱悶著。

也就是從這一趟波蘭華沙的旅程開始，我漸次發現，師父也會生病，不但元氣不夠，說話的聲音小了，就連眼神也不再炯炯有神，令人不敢直視。

主辦華沙禪修活動的是兩位禪眾，一位是男士，非常謙恭有禮，我習慣把外國人都取一個外號，就以他名字的諧音，取名為「怕我」；另一位是身材高大的女士，我叫她「別逃」。「怕我」的妻子剛生完小孩，比較忙；「別逃」的個性梗直，說話快，車開的速度更快，她對師父教導的禪修特別傾心，跟我說了多次，希望有一天能到臺灣打禪七。

既然發現師父生病了，顧不了禪修期間不准說話，我還是悄悄通知了「別逃」，「別逃」的眼睛瞬間瞪得極大，連聲問我怎麼辦？要不要陪同師父去看病？師父隨後拒絕了「別逃」與「怕我」的好意，堅持要他們安心地在禪堂用功，不要外出。

後來，我在英國與紐約都遇見過「怕我」與「別逃」，他倆持續跟隨著師父修學禪法。有一回在紐約的象岡道場，打完禪十後，「別逃」的心情似乎不是很好，抓著我聊天。「別逃」說，她再次邀請師父前往華沙上課，華沙已有更多的人對於禪修有興趣，可是，師父居然當面回絕了她。我還來不及追問，「別逃」繼續說道，師父竟然跟她說，自己的身體非常不好，說不定什麼時候就要往生，以後的行程，完全沒有定數。「別逃」的眼淚隨時都可能流下來，她喑啞著嗓子說，外表看來，師父的身體應該沒有大礙啊。

我後來從《法鼓》雜誌的報導，知道「怕我」曾來過臺灣，前往法鼓山園區參訪，可是，照片裡沒有「別逃」。

結束了華沙的行程後，師父帶著病體，領著我們幾個僧俗弟子，轉赴克羅埃西亞。克羅埃西亞位居中歐，的確比華沙溫暖許多，我們下飛機時，氣溫超過攝氏三十度。主辦禪修營的查可，安排師父住在一山坡上的大房子裡，禪修活動也在同一處舉行。知道師父在華沙生病的查可也非常緊張，刻意留了一間曬得到太陽的房間讓師父休養。同行的果元法師找了時間，叮囑查可與當地的義工，希望能夠烹煮熱食，讓師父的體能可以慢慢回復。

因為禪堂的規模限制，我與攝影師無法住在禪堂，必須改住山下的飯店。剛好有位獨居的年輕女士，願意在參加禪修期間，將公寓免費讓給我與攝影師住宿，師父得知後，也非常高興，說是個兩全其美的好辦法。不過，心細如髮、處處慈悲的師父，居然會悄悄叮嚀我，不要白住了人家的住處，私下也該送點禮物才好。經過師父的提醒後，我發現公寓裡沒有燒開水的熱水壺，抽空去百貨公司一問，才知道熱水壺還真是不便宜。

禪七結束，那位女士一回到家，看到我們送給她的禮物，不禁開心地當場大叫，她說早想買了，卻老是買不下手，這下收到如此貴重的禮物，真是滿心的喜悅與感謝。我要她不必謝我，要謝還是謝謝聖嚴師父吧！

事隔多年後，查可的精進修行，開花結果，被師父印可為可在西方社會教導漢傳禪法的「法子」之一。

我一直把跟隨師父前往波蘭與克羅埃西亞的弘法之行，視為此生的一個重要分水嶺。也因為此行，我彷彿由一個目不識丁的粗人，學會了識字讀書，也終於蛻掉了尋常觀光客的膚淺外衣，登堂入室，眼見師父的辛勞；知道佛法的重要，體會了世事的無常。沒錯，我算是開竅了。

波蘭與克羅埃西亞的弘法活動過後，師父的健康呈一緩慢的下滑曲線，漸次下降，找不到停損點。有一回在農禪寺，我發現自三門外下車，緩步走進來的師父，臉龐有些異樣，一層不自然的光澤，由繃緊的皮膚裡折射而出，像是胖了一些，連眼睛都較日常細微了一些。愚癡的我居然還挺高興，跟身邊的師兄說，師父大概努力加了餐飯，瞧！明顯胖了。後來才知道，那天剛好是師父洗腎的日子，一離開醫院，就趕回寺裡對禪眾開示。

也就在同一個時空裡，我聽到師父提及自己的病。師父灑脫地說，誰都難免要生病，不過病了就病了，把病交給醫生，把命交給佛菩薩，只要好好修行，做應該做的事，維持平靜安定的心，日日都是好日，不會被病牽動而窒礙難行了。

「把病交給醫生，把命交給佛菩薩。」師父說的這句話，安定了許多生病眾生的心，也消除了許多眾生的煩惱；在師父的身上，我們看到許多佛法精髓的體現，也學到無數的生活智慧；今生能夠身為聖嚴師父的弟子，能夠修習救人濟世的佛法，也只有慶幸，也只有惜福啊！

行過以後

聖嚴師父在《生死皆自在》一書中提到：「生病沒有關係，但是要病得健康。什麼叫作病得健康？生病一定會不自在、不舒服。像我這一生，小病不斷，大病幾年一次，最痛苦的就是渾身疼痛而動彈不得……，唯一能運作的只剩頭腦，人好像也變得沒有用了。」

「但是不是真的沒有用？不一定！譬如我在住院過程中，並沒有做什麼，但所有的醫生都和我成了好朋友，有的醫生、護士變成我的皈依弟子，照顧我的人也都變成了佛教徒。為什麼呢？是我的態度影響了他們。」

「……我的態度是樂觀、正面的，對他們是報著感恩的心，對自己的病則抱著接受果報的態度。我也感謝因為生病，讓我有時間住在醫院裡，體驗人生有這樣的過程，體驗眾生生病的時候有多麼苦。我體驗之後也覺得很好，這就是我面對衰老的人生態度，而我的人生態度則影響了這些人。」

原來生病，也可以病得很健康，關鍵就在面對生病的態度。

我曾在一年半之間，兩次住進醫院，做心導管的治療，主要是搭支架，讓受阻的血液可以流得通暢些。

手術期間，是不能打麻藥的，醫生在整個過程裡，不斷地告知你，會有短暫的不舒服，要忍耐。醫生也需要隨時掌握著病人的任何反應。我多麼希望能夠有麻藥，讓我在睡醒後，就能擁有一具健康的身體，但是無奈啊！硬是得聽著那些刀啊、夾子的碰撞聲，以及醫生與治療團隊吱吱嗚嗚、低聲商議的共鳴聲。往往也都在極度不安的氛圍中，我想起了師父的叮嚀：「把病交給醫生，把命交給佛菩薩。」於是，我開始誦念《心經》與〈大悲咒〉，在心境逐漸寧靜後，也才熬過那漫長難捱的兩、三個小時。

第二次再進醫院，又裝了另兩根支架，那次的經驗更是恐怖，不但手術期間急著想上廁所，醫生暫停手術，讓我解溲，我還久久困在手術臺上，完全無法如願。更要命的是，當晚要在加護病房熬過一夜，我這才發現，加護病房簡直就是人間煉獄；一個晚上，醫護人員與病患的大呼小叫，各種機器與人為噪音交相穿梭，迫使我如驚弓之鳥，隨時處於緊繃狀態，就算想背誦佛號與經文來安定身心，都始終提不起心力，彷彿流淌在奔流快速的黑水河道中，無力掙扎、幾近沒頂……。

好不容易，熬到天亮，護士換班，我的主治醫師也及時出現。醫師一看到我即將枯萎的模樣，就明白了我已瀕臨崩潰的邊緣，立刻允許我離開加護，轉入普通病房；我還沒等到病房的窗簾拉下，就已沉沉地睡去，直到過了中午，護士才來搖醒我，要我辦理出院手續。

此一體驗，對我來說至為重要，我總算醒悟，師父說的「生病沒有關係，但要病得健康」真的有其需要；一定要在日常生活中，就得培養正知正見，具備有面對生病的正確態度，等到真的病了，就不會被外境影響，可以安心於醫護人員的照護下，靜待身體修復完工的一刻到來。

第9條

盡形壽，獻生命

我何其有幸，因為近身記錄聖嚴師父的行誼，親眼目睹也親耳聆聽許多他老人家平易近人、淺顯易懂的開示，以及石破天驚、震撼靈魂的警世之語。「盡形壽，獻生命」便是令人振聾發聵的一例。

一九九九年，一個倥傯混亂、戰爭與災難不斷交相更替的百年世紀，雖然已屆盡頭，竟不見疲態，還在舉世滾動的經濟巨輪帶領下，猛然加速。人們期待下一個科技盛行的太平盛世即將到來之際，卻又參雜了諸多不安與惶惑，讓這一年呈現出的熾熱忙亂，特別的不安與浮躁。例如一次性照相機、CD與光碟機、SONY隨身聽、MTV頻道、燒錄光碟等，都成為尋常百姓在日常生活中，或是欲拒還迎，或是全力追逐的標的；由此造就的市面光影，自然浮現出一片景氣過熱的假象。

進入二十一世紀後，我們所處的這個世界，真的會較上個世紀更有活力？更有前瞻性？

二〇〇〇年，才一開年，就聽到聖嚴師父身體違和的消息。師父難得掛起了休養的「免戰牌」，專為師父弘揚佛法製作的《不一樣的聲音》節目，也首次請出師父的幾位出家弟子代打。我倒是信心篤定，認為師父藉此機會暫時靜養也好，由師父每天密密實實、明顯吃重的行程可以看出，別說是七十歲的高齡了，就算是一般年輕小伙子也都不一定扛得住。

二〇〇四年，又接到通知，預定該年自四月開始的馬來西亞、新加坡、澳洲的弘法行程都要取消。我暗叫一聲：「不妙！」顯然師父的健康碰上了大麻煩。

自一九九五年開始，我就跟隨著師父的行腳，輾轉於四海。上半年的四月與下半年的十月，基本上都是移動的季節，已然成為我固定行程的不變定律。事實上，我的家人與公司同仁也知道，職場壓力的過度囤積，以及瞻前顧後的費力張羅，都是我藉由隨師紀行的旅程，獲得紓解與療癒的大好機會。因此，一旦獲知師父喊停海外的弘法活動，對我就是很大的打擊，我的失望與落寞毫不遮掩，完全顯現在緊繃不語的表情上。

沒過多久，農禪寺召開的某次會議，師父帶著一臉的病容出席了，我有點受到驚嚇，師父的兩頰不但削瘦下陷，就連說話的聲音也都極其微弱。我目不轉睛地注視著師父，內心揚起不安的咚咚鼓點聲，我十分清楚，師父這一回的狀況，絕對比上回在波蘭生病時嚴重得多。

身為師父的弟子，我始終存有不願面對現實的阿Q心態。我一再為自己催眠，告訴自己，我的師父是得道的高僧，具有過人的智慧與堅毅的信念，為了度化眾生，就算再艱難的試煉，都會關關難過關關過；任何病痛，都會有佛菩薩加持，絕對構不成問題。我也一廂情願地深信，只需療養一些時日，師父肯定又能生龍活虎地行走於世界的每一個角落。

不過，這一次確實有點不同，師父的法體像是有點傾斜的巨塔，那是「無常」展現的基本模式，就算再遲鈍的人，都能一目瞭然。

我開始認真地去翻閱師父的著作與開示的記錄。師父有一段話是這樣說的：「無常是佛教的基本教誨，可用來調整、調適自己的心。需要了解三個方面的無常：環境的無常，身體的無常，心的無常。」讀了師父說的這些道理，我似乎都懂，只不過魯鈍的我為何越是鑽在無常裡，心情就越是鬱悶難開呢？

三月中旬，臺灣處在季節的霪雨與春寒中，我有點意興闌珊，對任何事物都提不起勁，就連爭先恐後怒放著叢叢樹樹的杜鵑花，都跟我有仇似的，我既嫌惡它們扎眼放肆，也討厭它們的喧囂煩人。有一天，我枯坐在辦公室裡，面前翻過數次的腳本與企畫案都進不了腦子，我跟自己賭氣，就是覺得諸事不順，好像全世界的人都得罪了我。沒一會兒，電話響了，接電話的同仁說是找我的，我不耐煩地拒接，要他們回說我不在。我自座位站起，走到窗邊，盯著窗外陰沉欲雨的天空發呆。只不過，忽然聽到同仁在回言中，冒出了農禪寺三個字，我狂吼一聲，立馬回頭，火速攔截住同仁手中的電話。原來，是師父的英文祕書常濟法師打來的；法師說，師父方才決定，原訂四月份的行程，除了馬來西亞的部分取消，新加坡與澳洲的行程維持不變，照常出發。我還來不及掛下電話，立馬模仿泰山怪聲狂叫起來，辦公室的同仁神情怪異地看著我，他們大概很難接受，平日在職場尚稱循規蹈矩的我，為何也會有脫序演出的一刻？

這一趟的新加坡之行，我才自師父的口中得知，多年前，師父第一次到訪星國，就罹患了帶狀皰疹，不得不臨時取消所有行程。是故，新加坡與師父的因緣還是頗為奇特的。

出發當天，我們一行僧俗數人隨著師父，魚貫進入機場的航空公司貴賓室，這已成為慣例，我們回回都能沾了師父的光，享有貴賓的禮遇。師父的祕書果禪法師與常濟法師把我叫到一邊，小聲叮嚀，這趟行程師父身體有恙，既然勉強出行，我除了慣常的記錄工作之外，還需身兼侍者，也就是要保護師父，避免師父受到外界的干擾。例如不要讓相機的閃光燈，直射師父發炎紅腫的眼睛，或是主動敦請訪客結束談話，讓師父休息等。

找了一個空檔，我側身蹲在師父就座的沙發邊上，注視著師父的眼睛。果不其然，雖說已在痊癒中，但是師父眼底的血絲依然未褪，還遺有些微的紅腫，像是座微微隆起的活火山。我故意裝出比師父年紀還要大的老先生模樣，低沉著嗓子跟師父說：「還好，還好，紅腫很快就會消除，一切都在康復中。」師父拿我沒輒，只是微微一笑回道：「希望如此。」憑良心說，那個當下，我就是動畫片裡昂頭挺胸的童子軍，心中牢牢宣誓，一定要矢志達成使命，保護師父，不負兩位法師的託付。

師父此行是專程為新加坡的青年才俊舉辦禪修營，以及兩場對外的公開演講。抵達星國的隔天，就舉辦了一場新聞發布會，唯獨某份英文報紙記者沒到，要求另外安排獨家專訪。隔日上午，師父說，前晚沒有睡好，身體發熱，頗為不適，有點像是帶狀皰疹發作的前兆。我心裡暗叫一聲不妙，急忙誦念觀世音菩薩聖號，祈求佛菩薩一定要庇佑師父，不要犯病。

師父前往禪修營開示結束後，我們火速讓師父返回旅店休息，然後再接受那家媒體的專訪。

約定的時間一到，我先到客廳與文字、攝影記者溝通，拜託他們務必幫忙，體諒病中的師父，不要使用閃光燈，也不要超過預定的採訪時間，他們立即點頭同意。

採訪開始，女性記者才問出第一個問題，攝影記者的閃光燈就啪啪地連著閃亮兩次，兩位隨侍的法師對我比了手勢。我心想，或許是攝影記者操作失誤，沒有關掉閃光燈，就暫時按耐住性子，沒有發作。

此時，女記者直接了當又丟出了一個問題給師父：「您又老又病，是什麼力量支持您，可以全球行腳，度化眾生？」師父吟哦了數秒鐘，緩慢由口中吐出了六個字：「盡形壽，獻生命。」在場翻譯的輔仁大學張璨文教授忽然哽噎，發不出聲音來。師父又再說一次：「就是盡形壽，獻生命啊。」

這陣沉寂時間有點反常的長，顯示內有蹊蹺，記者有點詫異地盯著沉默無語，卻明顯激動無措的張教授；師父也察覺有異，跟著記者的眼神移轉，這才明白，原來張教授正極力按耐著翻攪洶湧的情緒，偏偏婆娑欲淚的雙眼還是功虧一簣了。為了替張教授加油打氣，師父在此關鍵時刻，沒有顧慮到有記者在場，竟故意對著張教授扮了個「愛哭鬼」的可愛鬼臉，張教授立刻噗哧一聲地破涕為笑，現場凝重的氣氛，瞬間改觀。看到師父與張教授的互動，原先一臉錯愕的記者，似乎也懂得了此一插曲的來龍去脈。張教授正襟危坐地調整了一下坐姿，立刻正色起來，漸序翻譯出這願力無限巨大的六字真義。在張教授流暢篤實的翻譯聲中，我也跟著發現，那位一直繃著臉的記者，非常快速地柔和了臉部剛硬的線條不說，眼神也隨之閃爍出感動的流波。於是，更是一個問題追著一個問題，超出了原定的受訪時間。

慈悲的師父，當然不會主動喊停，卻是苦了兩位法師，頻頻指著她們手腕上的錶，朝著我搖晃著；曾經身為記者的我，那個剎那，大概有點傾向於記者的立場，下意識裡，想要給記者多一點時間與方便，希望她能寫出更是詳實的報導。此時，攝影記者忽然又拚命閃動起閃光燈，這一下，如果我再不拿出點姿態，或許就真的說不過去了；我快速起身，走到攝影記者身邊，低聲地強調了一次原先的約定；他點了頭後，我當他懂了，趕緊再回到原先坐著的角落。可是很奇怪，攝影記者彷彿在探試我的底線，再次猛按閃光燈，有如放煙火的小兒，玩得過癮，一時無法收拾；我一肚子的火，猛然爆裂，管不到是否失態，就大聲喝止道：「夠了！採訪結束！」

經我如此高調發怒的下了逐客令，還真是把兩位記者給嚇著了，兩人立刻匆忙的收拾殘局，結束訪問，低頭告辭。他倆出門時，經過我面前，我雙手合十，當然還是得以禮相待，他倆也低聲以中文向我說聲謝謝。等到大門闔上，師父笑咪咪地對我說：「阿斗又做惡人了！」我不好意思地趕緊合十，感謝師父沒有責怪我的失禮。

二〇〇四年四月十七日，是我生命中具有重大意義的一天，我首次親耳聽聞師父以非常微弱的聲調說出「盡形壽，獻生命」，這無私無我、宏遠無界、轟隆巨響的濟世大願。如今回頭再想，那也是聖嚴師父步入老病的晚年後，依然忘卻色身的示警與醫生的叮嚀，將每一天、每個當下，都繫念在眾生福祉與安危上。如今，師父的法身雖然遠去多年，但是師父的宏願與大愛，就如法鼓山上的法鼓鐘聲，記記不空，迴盪不絕，深入人心。

行過以後

聖嚴師父說過：「每個人在世界上，都扮演著許多不同的角色，可能是父母、夫妻、兒女，也可能是老師、學生等，都必須盡心盡力、盡自己的力量，用物質的、精神的種種能力，奉獻於身邊的少數人，乃至於社會、國家、全世界的多數人，而不求任何回饋，這就是生命的價值；這種自利與利人的工作，便是在行菩薩道。」

「生命需要有個大方向，來做為自己永恆的歸宿。」

聖嚴師父指引的這條道路，真是人生的重要歸途。每個人都是蒼茫大海中的一起微不足道的浪花，一眨眼，就會無聲無息地消失淨盡，連泡沫都不會留存。只不過，無論存在的時間再短暫，奔往彼岸的方向，卻是絕對不能迷失。

對我來說，餘生會從事公益事業，真是始料未及。每年規畫《點燈》節目的錄製、基金會的活動，都需要有金錢的挹注，但最為諷刺的就是面對募款的多變性與複雜性時，我竟經常成為低能兒。某次，一位大型公益組織的執行長，以高壓姿態，責難我的不是，雖然我在處理該次活動的過程中，沒有出現任何差錯，關鍵在於我沒有顧及到他的官威。隔天，我還在寫上悔過書的同時，再次登門，在他與部屬的面前正式道歉。

專為道歉舉行的臨時會議結束後，縱然有點窩囊，我倒是抬頭挺胸地步出該公司的大門，沒有絲毫哀哀自憐。我自問，此一修習忍辱的考驗，不是為了我個人，而是《點燈》燈火有即時的善款，得以持續往後的命脈，相形之下，個人的委屈與尊嚴，就都不重要了。

師父「盡形壽，獻生命」的大悲願心，投射在我這升斗小民身上，就是正面能量的加持來源。能夠在這短暫人生中，盡心盡力做好本分的工作，扮演好自己的角色，隨緣為他人奉獻，這是基本的大原則。接著下來，不留遺憾，不惹怨懟，也就足以對得起養育自己的父母、教導自己的師長，以及這期難得而短暫的生命了。

輯二

我願無窮

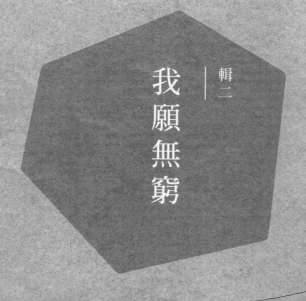

第10條

慢心不是自信

已故的美國名廚安東尼．波登說過：「要說有什麼可以永久性摧毀你的謙遜性格，那一定是餐飲業。」

我自認不是驕縱的人，謙遜的觀念還是有的。我對做菜很有興趣，但只要我走進廚房，就排斥其他的人在我身邊打轉。或許，這就是摧毀我謙遜性格的關鍵第一步。

然而，憑藉著我那一點小小的愛好，我也曾發揮過「張大膽」渾號的特質，做過聖嚴師父的專任廚師。

一九九七年的五月，聖嚴師父前往波蘭主持禪七，因當地氣候、飲食、環境等諸多因素而害病，也引起法鼓山僧團的關注與擔心。有一天，專案祕書室的廖祕書在電話中問我：「聽說你會燒菜，以後跟著師父出門，是否也能為師父燒飯？」我不假任何思索，立刻回覆：「小事一件，包在我身上。」

照理說，師父的年歲已大，身體的狀況也不是很好，應該有一位專門照應師父飲食的侍者，為師父備妥營養均衡、健益法體的三餐才好。但是，師父的考量很多，其中之一就是不願多一個侍者，增添禪修活動主辦單位的負擔。往往師父只帶著一位法師，擔任指導禪修的助理，頂多再有一位翻譯；除此之外，就是攝影師與我了，我則兼任節目製作人、廚師及侍者。我與攝影師的所有開支，皆與每個國家、地區的主辦單位無關，我們有《不一樣的聲音》節目製作費充用。

一九九八年的八月，我在大陸拍攝戲劇節目，雖然已進入尾聲，但稍有閃失，就會耽誤與師父前往俄羅斯聖彼得堡的禪修行程。或許佛菩薩可憐我緊繃數個月工作的艱難，居然讓我在大陸的工作及時完成。由天津返回臺北的第二天，就匆匆登上飛往法蘭克福的班機，然後轉往聖彼得堡。我的機位臨時有誤，無法與師父等人同行，必須在聖彼得機場守候師父的班機一個多小時，但我已經是萬般慶幸與感恩了。

聖彼得堡的禪修場地，據說是俄皇彼得大帝警衛隊的營房。整個建築物的外在條件雖然已明顯勾勒出頹敗與沒落的垂老氣息，但由依稀殘留下來的雕塑、彩繪與色彩的搭配，仍可想像得出當年的神氣與恢宏。

對於做飯，當時的我，仍然覺得是小事一樁。畢竟要長程飛行，隨身行李無法貪多，最好用的大同電鍋自是無法攜帶。我心想，煮飯簡單，以前在校期間外出露營，做飯都是我的事，只要將手平放在鍋裡洗淨後的米上，水剛好淹到手面三分之二處，基本上就能吃到香噴噴的米飯。只不過師父的腸胃比較弱，我適度地多放一點水，再注入幾滴油，混入一點馬鈴薯、地瓜，米飯的硬度與口味也就剛好合適師父了。至於煮麵更是容易，只要做好滷湯，置入適量青菜，再將另一個鍋裡煮熟的麵條，挑進滷鍋，就可宣告大功告成。

我曾請示師父：「米飯與麵條，師父鍾意哪一種？」師父說：「米飯就好。」我後來回想，麵條吃進胃裡，會被胃液酸化，搞不好會讓師父冒胃酸，只是師父沒有明說。偏偏我明知師父的身體欠安，健康亮了紅燈，卻還膽大妄進，沒有留意食材與健康的關聯，自以為是的以自己的飲食好惡做為依據，信手做羹湯，如今想想，朋友笑話我為「張大膽」，還真是一點都不過分。

第一次上陣，我特意準備了兩樣前菜、兩道熱炒、一道湯，外帶米飯。端進師父的房間前，我還挺得意，以為師父一定會為豐盛的飯菜，誇獎我一番。誰知道才一進門，師父面對我手中托盤的飯與菜，眉頭忽地就揪在了一起，我心頭為之一緊，心情立馬由雲端摔進了谷底。師父問我：「為何煮了那麼多？哪裡吃得完？」我趕緊回覆：「沒關係，我與攝影師小郭都會幫師父解決的。」師父說，他只要熱食，有飯，有一個湯連帶著菜，就足夠了，其他的都不要。我疊聲稱是。

自此以後，連湯帶菜的羅漢齋，就成了一成不變的菜式。對我來說，省事太多，根本不用為每天菜色的變化有所煩心。相對的，師父一次都不曾嫌棄過，永遠是照單全收。

後來，師父的侍者果耀法師還專門問過我，說是師父說的，阿斗煮的羅漢齋好吃，要法師來請教我。我起先還真是嚇了一大跳，以為師父不挑毛病已是萬幸，但隨之一想，師父是故意轉了一個彎來鼓勵我，這還真是用心良苦。其實，我的心裡可是清楚得很，那道湯菜，天天一樣，頓頓相同，沒有創新，不知變化，哪能稱得上是好吃啊？

說白了，這道湯菜極其樸素，也非常簡單。爐上的鍋子加熱後，微倒一點油（重點是要少油），將薑片略為過油，放進提味的番茄，翻炒後加水。等水煮開，加進豆腐、紅蘿蔔、馬鈴薯，起鍋前再放點青菜，灑一點鹽與胡椒粉，就可上桌。因為太容易，逐漸地，我的慢心大起，覺得做菜不用滷、燉、炸、煎，實在是小菜一碟，閉著眼睛都能隨手完成。有一天，師父的助理果元法師走進廚房，看了我鍋裡的湯菜一眼，在我耳邊輕聲提醒，應該再加些乾果、腰果等富含蛋白質的食材，否則師父的營養會不夠。剎那，我全身冒冷汗，心中的驕慢一下子都嚇跑了。沒錯！我的謙遜呢？為何行前不去翻翻書，甚至徵詢一下護理營養專家的建議呢？

二〇〇四年的五月，瑞士伯恩的碧坦堡禪修中心，師父領著來自瑞士、英國、波蘭、美國、德國、克羅埃西亞等十五國的八十多位禪眾，在白雪靄靄、寂靜無聲的山頂打禪七。雖然室內有暖氣，但暖氣太乾，我老覺得過於燥熱，只想往室外跑。有天中午，才到師父的寮房收拾餐具，已經躺在床上休息的師父忽然跟我說，才吃完飯不久，就開始瀉肚子了。我大驚失色，大腦立刻倒帶，回想我在中餐裡使用了什麼不好的食材？可是，沒有啊！每餐飯菜的食材都相似啊！師父見我有點慌，立刻安慰我道，沒關係，他有個治療腹瀉的偏方，我聽了後，趕緊返回廚房料理。

依照師父所教的：一杯米，不要洗，倒進鍋裡，開火加熱，然後翻炒。一直要炒到米變為褐黃，接近要焦黑了，然後起鍋入碗，注入滾燙的熱水。飲此熱湯，便能止瀉。

在廚房裡，我炒著米，仔細觀察米的顏色變化，大概難得用心，等到一個回神，發現周遭的煙味轉濃，我就算是馬上開了牆上的抽風機，一時間也無法排出去。我又趕緊轉身，火速打開廚房的後門與窗子，再開前門，讓穿堂風來清除濃煙。只不過，還是晚了一步！我才覺得後山的山嵐與冷風鑽進廚房來與我玩耍十分有趣，一邊大笑，一邊以雙手驅趕煙霧，火警的警鈴卻於此時以驚人的音量狂作大響，把禪堂裡的禪眾全都嚇跑了出來！禪中心的主人帶頭衝，後面的禪眾也飛快奔來，狀似要齊力滅火，直問我出了什麼事？等到眾人知道是虛驚一場，安下了心，陸續返回禪堂後，手足無措的我，在主人重新叮嚀我用火須知時，有如闖了大禍的孩子，垂著雙手，傻傻站在原處，大氣都不敢吭上一聲。

事後，師父笑著跟我說，西方人的飲食習慣裡沒有炒菜這件事，所以抽油煙機的功能不若我們臺灣，如果我早一點打開廚房的門窗，或許就不會造成這次的烏龍事件了。

驚擾眾人，是我不對，但我卻立刻坦然，畢竟我不是故意的，誰知道瑞士人家的廚房設備會如此簡單啊？不過，我唯獨記掛的只有一件事，喝了炒米的熱湯後，師父的腹瀉是否有所好轉？那整個下午，我有如無頭蒼蠅，只在大雪後的山坡小道上快步經行，頻頻念著佛號，祈願佛菩薩加被，千萬不能讓師父的病狀惡化才好。好不容易熬到黃昏前，要準備晚餐了，我輕輕去敲開師父的房門。師父跟我說，腹瀉的症狀已經緩解，不用擔心，晚餐只要熬一點稀飯就可以。才關上師父的房門，我的背貼在牆上，忍不住地大聲喘氣，那個驚魂甫定，真是終生難忘。

當晚，我做了惡夢，在夢中大聲喊叫，把同房的攝影師阿良都叫醒了，我這才開始反省自己的莽撞與不負責任。我那自以為了不得的廚藝，只能在國外唬一唬老外，就算在自家人面前，也都算是雕蟲小技。可是，我卻沒有掂一掂自己的斤兩，就膽大妄為地將照顧師父飲食的重責大任攬在身上，若是真讓師父的健康出了大差錯，這個後果，我有能力承當嗎？當下我就決定，返臺後立刻要向僧團或是廖祕書反映，以後出國，一定要另外安排照料師父飲食的侍者隨行，我是絕無膽量繼續擔綱此一要務了。

不過，偶爾想起過往擔任師父廚師的一干陳年往事，其間還是有些趣味插曲，會讓我咯咯咯地難掩笑聲。

在德國柏林，一位參加禪修的德國人，說是身體不舒服，也想吃師父面前狀甚美味的米飯與菜。師父把我叫去，囑咐我也替那禪眾備上一份，據說果然飯到病除，病人的病，飯後就立馬痊癒了。又，我將師父剩下的飯與菜，頓頓煮成濃粥，也是頓頓有人舉手，願意代勞吃完不說，還順便幫我清洗餐具。

另一次在俄羅斯，有天中午，禪修結束，還有些人沒有走，主辦單位來不及準備食物，我臨時煮了一大鍋大滷麵，把他們吃得酣暢淋漓，都說好吃，紛紛問我平日的專職是廚師嗎？在英國，也是禪修結束後，我煮了兩道菜，番茄燴白花菜與煎豆腐，外加紅燒茄子，感謝禪修中心義工多天的照顧與協助。他們把菜汁都吃了個涓滴不剩，還邀請我有空多去他們那裡修行，順便幫忙燒菜煮飯。或許，面對老外，偶爾賣弄一下中國菜，我還是有那麼點自信吧！

不過，自從瑞士發生的師父瀉肚與警鈴事件後，我就一心顧好本業，專注於沿途的記錄。師父的體力稍顯不濟後，也願意將沉重的僧袋交付給我，我算是負起另一種侍者的任務，僧袋也背得甚為歡喜。至於那一段因緣殊勝的廚師生涯，也就匆匆畫上了休止符，不敢再有所造次。

還有，為師父擔任廚師的短暫過程裡，我終究明白了一味：「慢心」，那是既苦且澀，傷身又傷心的玩意，萬萬不可入菜，否則後果自負。

行過以後

聖嚴師父說過：「驕慢心重的人，喜歡伸張自我、操控外境；缺乏自信的人又常覺得個人渺小無能，有如蜉蝣寄生、滄海一粟，因此也不斷向外馳求。」

如果要我為自己的個性做次檢討，我承認，基本上缺乏自信，往往需要外界的某種認可與肯定，才能確認自己的能耐與作為。至於慢心，當然會有，尤其是過去從事新聞工作的階段，經常會在沒有求證清楚的情況下，筆下傷人，這是我學佛後，竭誠懺悔與反省的罪愆之一。

再以烹飪一事來說，我曾經非常自信，因為周邊的同學與朋友都不會，露營或聚會時，只要我一出手，大家都會讚美有加；就算前往同學的住家作客，同學也任憑我耍弄，把冰箱的存貨清了個蔥蒜都不剩，也不擔心同學的父母回家後會有所責難。直到體驗過師父的專用廚師後，我才恍然大悟，其實人外有人，天外有天，我的慢心，遠遠凌駕於我對烹飪的認知。我已深深感受到，烹飪有如邁步於修行的這條路，修行要由體驗呼吸的基礎開始學習，烹飪也需要由洗菜、切菜重新摸索起才是；那是基本功，蹉跎不得。

第11條

愈執著，愈不快樂

人自出生後，所謂「我」和「我的」，就亦步亦趨地與自己的腦袋與口語常相左右，難分難捨。比如：「我的媽媽」、「我的棒棒糖」、「我的娃娃」、「我的鉛筆」、「我的老師」、「我的女朋友」、「我的丈夫」、「我的車子」……，樣樣都屬於「我」的勢力範圍，誰都不准掠奪與擷取。也就因為認定了「我」與「我的」範疇是神聖不可侵犯，為了這個「我」與「我的」，居然不知不覺地餵養「我執」，成為一頭龐然大物的怪獸，往往要被這頭怪獸給吃掉了，還是臨死不悔，至死不悟，完全沒有警覺，更別說是些微的自覺。

跟在師父身邊的那些年，被檢討、被匡正的次數多了，才逐漸體會自己的「我執」，多如身體內的細胞，真是好一個繁衍無數、無窮不絕啊！而後，漸次明白了檢討、內省的重要，我更是發現，以「我執」為中心點，畫出一個大圓圈，圓圈內就是不顧他人立場，堅持自己觀點，不思反省、不知悔過等諸多頑劣的缺點，說白了，這個「我」，還真是令人生厭的壞東西啊！

一九九六年的三月三日，是為聖嚴師父製作《不一樣的聲音》節目的重要日子，這一天，該節目在中視頻道正式播出。雖然當時已步入老三臺的末代時期，但是老三臺的影響力還是虎虎生著風，依然具有相當的影響力。該年度，民視正式成立，然後是有線電視的全面開放，就此逐漸改變臺灣電視市場的生態。

就在電子媒體即將如雨後春筍，沒有章法地冒出頭的前夕，我接到聖嚴師父指示，要製作一個談話性節目，自然就要立刻積極地進行，我先行拜訪了中視總經理石永貴先生。石先生雖然是位穆斯林，對於聖嚴師父的清譽卻是十分認同，立即同意，讓《不一樣的聲音》節目，在中視攝影棚錄製並且播出。

每回進入中視攝影棚，錄影《不一樣的聲音》時，我都至為興奮，因為每一集節目，聖嚴師父都會針對不同的主題，不同的來賓，提出各種高妙易懂的觀點，清新且可貴。我們都在錄影的前幾天，先將每集的訪綱，傳真到農禪寺，交給師父審閱。一直到許久之後，我才知道，師父每天的行程太忙太趕，根本沒有充分的時間預覽這些大綱，都要等到錄影當天，由農禪寺出發，前往中視攝影棚的途中，才能在車上開始翻閱。這一來，我更是驚訝師父的博學多聞以及臨場的快速反應，能夠如此精準無誤地在極短的時間裡，抓住每個問題的闡述核心。

贊助《不一樣的聲音》節目的推手，是一位師父的在家弟子。因為這個節目，我得以更加親近聖嚴師父，不但經常要跟著師父開會、錄影，就連師父的海外弘法行腳，我都帶著攝影師沿途記錄。剪輯後，在《不一樣的聲音》節目中播放。

節目的籌備期間，依照節目製作的需要，必須制定預算表，提交給師父，我完全沒有預料到，就是因爲我那自以為是的「我執」習性，遭到師父一再的修正與教導。第一次，我將預算表交給師父沒兩天，就被師父退件，師父問我，他的「講師費」呢？我回答，反正師父不會領取，所以就沒有列入。師父回道，拿不拿是他的事，將講師費打進預算，則是原本就應該做的事，不能混為一談。於是，我趕緊又重新擬定。

預算表第二次送出，居然再次被退件。師父問我：「你的製作人費用，為何沒有擬進去？」我說我是純然發心來製作這個節目，一開始就打定主意一文不取。師父說：「你拿不拿製作人的錢，是你的事，但是製作人的費用如果不列入，如何讓贊助人知曉製作一集半個小時的電視節目，要花多少錢？」這一下，我那冬烘頑固的腦袋，才受到師父一記虎虎生風的迴旋踢，當場被震得金星滿天飛。如今回想，這只不過是序曲而已，往後撼動人心的樂章，簡直一章比一章激越，一章比一章高妙。

開完會，離開農禪寺的長巷中，我緩步走著，有點沮喪，但更多的是慚愧。原來我在職場一路行來，經常碰撞到窒礙難行的障礙與人事糾葛，這些障礙、糾葛並不是憑空而生，竟皆為我自以為是的「我執」，所招惹來的自我折磨。這是聖嚴師父為了幫我修正「我執」，所上的第一堂課；我卻沒有學乖，日後還是繼續不斷地犯錯，錯了改，改了還是錯。

製作《不一樣的聲音》的十年裡，很多人羨慕我，可以如此近距離地接近聖嚴師父，讚歎我有福報，分明就是累劫累世修來的大福氣。慚愧的是，我不但沒有珍惜，還不時地給師父製造麻煩，以我狹隘的眼界與思維模式，自以為是地錯看人生，誤解世事。師父並沒有少扳正我，就是希望我能改掉許多不當的習性，只不過魯鈍如我，終究還是要等到師父圓寂之後，才悵然憬悟，果真是被「我執」給害慘了。例如，我自以為有話直說便是不矯情、不作態、不虛偽，事實上，那就是自以為是的某種內心投射，除了貪求口舌之快，還真是找不到一點正面解讀的藉口。

同樣是一九九六年，四月二十二日至五月六日的兩個星期，師父親自率領了三百位僧俗弟子，完成「大陸佛教聖蹟巡禮」。就在行前，因為「我執」，我竟然犯了不該犯的錯，鑄成了一樁大憾事。身為影視小組的召集人，我沒有將提前向大陸有關單位申報攝影器材入關的事放在心上，只當是旅行社應該承攬的業務，就自顧自的忙著自己的事。加上趕著錄製《點燈》節目存檔，一次都沒有參加過大陸巡禮的行前說明會議。等到出發的日子近了，負責整體行程規畫的施建昌師兄問起進度，我才發現事情大條，十分不妙。

既然是我自己造成的失誤，當然就該立刻解決危機。幾經打聽，我跑去央求中視《大陸尋奇》節目製作人周志敏女士協助。該節目長期與大陸打交道，口碑與收視俱佳。周女士亦為精進的佛弟子，二話不說，馬上動用她在大陸的人脈，火速幫我們申請相關的許可證件，還派出兩位出色的攝影師隨行掌鏡。誰知道，直到大隊要啟動了，與攝影機相關的批文依然不見蹤影，無奈之下，只好硬著頭皮在南京機場闖關。果不其然，《大陸尋奇》派出支援的攝影器材，連同團員們攜帶的非職業使用，但體積較大的V8機器，都被南京機場的海關如數扣留，無論任何辯解、任何求情都無濟於事。

入住南京的飯店後，師父將聲勢浩大的影視小組召集到他的房間，安慰並鼓勵我們，這趟三百位團員的大陣仗，明顯受到大陸有關方面的注目。大機器雖然被扣留了，但是我們隊伍裡的團員，有幾位的Ｖ８小型機器倒是順利入境，姑且就徵用這幾臺小機器來記錄吧。

原本非常懊惱、羞愧的我，沒有遭到師父一句重話的苛責不說，反倒被師父好言慰藉，讓我找到了下臺的梯階。不過，這一路，我還真是窺見了自己習性上的缺失與顢頇。

基於職務的需要，我必須衝在以師父為重心的先發隊伍前面。一來要留意參訪寺院的迎客陣仗，二來要幫忙領隊，掌握停駐的時間。另外，一旦朝聖的景點人潮壅塞，也需留神師父的腳下安全，千萬不能讓師父遭到絆倒摔跤等意外。某日，我們在一所寺院等候當家師的空檔，我心想站在原地枯等也是無聊，不如找些話題暖場，也好活動一下氣氛。於是指著花園裡一簇盛開的花朵跟師父說：「師父啊！這些玫瑰，開得好大好美……。」師父隨即答道：「這不是玫瑰，是茶花。以後碰到不清楚的事，先弄明白了再說，不要隨意脫口而出。」說完，師父就轉身往另一個方向看去。那個剎那，我像是吃了滿嘴的辣椒，既無法張嘴吐出，也無法整個吞下，只有漲紅了整張臉，手足無措。當然，那一股熱氣與辣味，也隨時都有可能由眼、耳、鼻轟然迸出。

我自以為是的單純耿直，當場就被師父戳穿，原來那也是一種我執。

不妨再說一事，同樣也是因為我執，所犯下的錯誤。只因攝影小組時時都要跑在前面，我的身邊還跟著一位李謀塗師兄，名義上是我的助理，實質上要幫忙搬重物，還要分擔許多雜事。每回，一到某個禪宗祖庭，進入大殿，李師兄一定會搶在師父之前，在佛前頂禮三拜；我每每看到他額頭上沾染到的灰塵都想笑，但一轉眼，卻對他的此一行動起了瞋心。我偏頗地認為，他應該以任務優先，無需急著禮佛，萬一他禮佛時，師父被人群推倒怎麼辦？於是，便自以為是地規定他，不准再急著禮佛，就算暫時沒有任務，也要站在一旁等候師父，這才是護法金剛該有的態度。李師兄不是沒有個性的人，他還是一家公司的負責人，但他只是摸摸他的光頭，沒有吭出一聲地退了下去。

慢慢地，我發現了李師兄的優點，他不多話，只是默默做事。哪怕到了飯店，所有的人都急著拿行李，趕著進入房間漱洗，李師兄卻主動去幫忙行李組，自大巴的行李箱拖出一件件沉重的行李。他也總是搶著去做一些別人不會留神的事，例如隨地撿拾垃圾、代為清點人數；就算分食點心時，也總是讓別人先取。漸漸地，我的懺悔念頭汩汩而出，慚愧心也如十五的月亮如實鼓足，我找了個合適的機會向他鄭重道歉。他後來在我的背後跟其他的友人說，我是個直心的人，沒有刻意欺負他。

人的因緣真是妙不可言。自那以後，無論是參加佛七還是禪七，他不是坐我隔壁，就是在寮房裡與我頭對著頭，頂頭而眠。我非常歡喜見到他，每次見了他，都會讓我憶起那自以為是的我執，那是我必須拔除的惡劣習性。這一切，都是聖嚴師父給了我修正言行的學習機會。

跟在聖嚴師父身邊，讓我有意無意地發現，染病的習性與個性，就是肉眼無法分辨的漫天微塵，只要一段時日不去察覺，心版就會被微塵層層掩覆，讓你易躁易怒，說不出原因的受困於日常極為細微的瑣事。那種不快樂，很具傳染性，會害了近身的家人與親友都跟著倒楣受過。所以，要時刻提醒自己：「愈執著，愈不快樂」！

行過以後

聖嚴師父說過：「以佛法來講，執著又叫『我執』，一切以自我為中心，而且非常在乎自己的利害得失。他不僅在乎自己的存在，或者不存在；還在乎別人對他的想法，對他的價值判斷，也會非常希望別人知道他。」

「自我中心原是一種生命的動力，不見得是壞事，但是如果自我中心太強，經常自以為是、貪得無厭、傲慢或自卑，自己是快樂不起來的。」

我們在日常生活中，時常看到夫妻吵架、朋友反目。我自己也會因為一點蠅頭小事，忽然就冒出了無名火，大聲與妻爭論。等到事情過後，我也會明白，她惱火我的那句話，並沒有惡意，只是我一時曲解了而已；我再次以我的執著，對上了她的無心。更好笑的是，每回有了磨擦，妻很快地就放下，該吃該喝該哼唱小曲時，無一省略；相形之下，我總是要氣上許久，捨不得把執著的面膜撕下，到頭來，不快樂的還是自己。

所謂的對與錯，不是自己說了算；許多的爭端，常常是我執的不當發酵。當你發現身邊的同事、夥伴我執嚴重時，為了避免碰撞，選擇沉默或許是權宜之計；等到事過境遷，對方冷靜下來後，再做適當的說明與解釋。所以，若是想做一個快樂的現代人，請避免被我執的後座力所傷，那可是會比遭到猛牛的後腿踢翻，還要疼痛。

第12條

隨緣而動，隨遇而安

很多人喜歡把「隨緣」與「放下」掛在嘴上。什麼是如實的「隨緣」？什麼又是無礙的「放下」？包括我在內，也一直是含含糊糊的理解、粗枝大葉的認識。感覺上，總認為選擇「隨緣」與「放下」的時刻，都是與失敗、失意貼近而坐的倒楣一瞬間。

隨師行天下，有太多機會可以就近由師父的身教與言教中，汲取到此生取之不盡、用之不竭的養分。只可惜，粗魯莽撞若我，無法像具影印機，將師父無時無刻不在示現的智慧，悉數儲存於腦子裡，如今也唯有「隨緣」、「放下」了。

一九九七年的春天，是我追隨師父行腳最長也最遠的一個季節。該年，跟著聖嚴師父，經過香港、菲律賓、波蘭、克羅埃西亞，然後回到紐約。這一路上發生了太多的事，讓我曾站上山巔，也不可避免的涉過低谷；愚癡的我因外境的改變，心境陡升猛降，如洗三溫暖一般，不是大汗淋漓，就是寒噤顫抖。

當時的克羅埃西亞，剛從南斯拉夫的內戰中獨立出來。我們師徒一行，在波蘭首府華沙辦妥的克羅埃西亞簽證，卻在入境該國首都札葛雷勃機場時，吃了閉門羹。肅殺之氣布滿於臉上的海關官員與軍人，大概認為我們的組合成分難以看透，在反覆盤問後，硬要我們臨時加辦簽證，否則不予放行。我有點慌張，無助地看著師父，師父沒有多餘的言語，只是以安定從容的眼神面對眼前發生的一切，我因而明瞭何謂「以不變應萬變」的道理。

我被允許暫時出關，在銀行換取該國貨幣，才能回頭付償簽證費。一看到我現身於海關外，一群守候多時的當地信眾，立刻就要蜂擁而上，我也開心地揮手致意，沒想到端著槍的軍人，大聲喝斥一聲，不但嚇著了我，也讓焦急不安的接待人員趕緊退卻好幾步。我在被監視的情況下，匆匆換好了克羅埃西亞的貨幣，重新入關。出門在外果然是花了錢、消了災，我們師徒一行，總算順利入境，沒有遭到原機遣返的厄運。

終於迎接到我們，「法集」佛學會會長查可（Žarko Andričević）與夥伴們，立刻向師父獻上了鮮花。查可中等身材，一看就是優雅、有修養的知識分子，我對他的印象很好，覺得他在這個天主教國家推廣漢傳佛教與禪法，真是發了不得了的大願。果不其然，查可日後只要有機會就飛到紐約與歐洲其他城市，追隨師父修習禪修；一路勇猛精進的他，後來被聖嚴師父印可，成為西方世界中，可以弘揚漢傳禪法的幾位「法子」之一。

我們抵達的當天下午，在城裡一座古建築二樓的「歐洲之家」，安排有一場聖嚴師父的對外公開演講。我有點矇，覺得行程安排得太急、太滿了，應該讓師父休息一天，解除了旅途的勞累後再行動也不遲。師父的英文祕書常濟法師無奈地跟我說，所有的行程都是師父給的，只因師父太忙，臺灣、紐約與世界各地的邀約，都是牽一髮而動全身，要想臨時異動也真是沒有辦法。我不甘心，同樣的問題又問了一次師父，師父說，他就只能抽出這個時間，主辦單位想多要一天都很難啊！我只好偷偷地嘆了一口氣，原來師父永遠是一日當兩日使用，為了利益眾生，犧牲自我，毫無怨尤。但是，如此一日銷蝕一日的作息，根本是蠟燭兩頭燒，更是寅吃卯糧，師父的身體哪能長時撐得住啊？

「歐洲之家」的演講，入場費用是每人五元美金，對當地人士來說，不是個便宜數字。可是，只能容納兩百人的空間，當天居然擠進了三百餘人，還有人盤旋在樓梯上，無法進場。我們護著師父，在人牆中勉強擠身而過，師父只有雙手合十，一路說著：

「對不起！」

我們自己的攝影機，當然也沒有立足之地，攝影師小郭只好跨到陽臺外，才勉強找到取鏡的角度。

師父眼看場內如炸開的鍋子，難以收拾，只好請那些貼著牆壁，以及前胸貼著後背的來賓們，委屈一點，都坐在地上，並盡量往前坐。只不過兩分鐘不到，他們迅速且極有秩序地塞滿了地上的每一寸空間。

被迫與攝影師擠在陽臺上的我，被整場的氛圍震懾住，簡直無法相信眼前正在發生的景象。我心想，生長與生活在臺灣的人，真是太有福報，我們只要進入農禪寺的大殿，不但有舒適的蒲團可坐，師父一開口就是聽得懂的經典佛法，殊勝又可貴，我們可曾珍惜且寶貝過？瞧！此刻的師父先說中文，翻譯隨即譯為英文，當地翻譯再翻成克羅埃西亞文，這一往一來，要花上三倍的時間，其間的困難與周折實在難以想像！

只因是西曬，整個朝西的會場，被當天的烈日烘烤得有如烘焙的烤箱，起碼超過攝氏三十五度以上。我看到席地而坐的觀眾們各個仰著頭（還是看不見師父），汗珠一顆顆的滴在臉上也不擦，全神貫注，莊嚴又肅穆，他們那種認真不懈、不漏過任何細節的神態，簡直就是一尊尊的菩薩，令人尊敬又感動。

眼看超時近一小時，師父說該結束了，但畢竟來一趟不容易，還是開放點時間給觀眾們發問。誰知道，這下不得了，在場三百多人幾乎全都急切地舉起手來，就連師父都咧齒而笑了。他們的問題五花八門，有的雖然膚淺，但又如何呢？他們日常根本沒有機會接觸到漢傳禪法啊！

演講在欲罷不能的情況下，終於結束。師父與我們又自人牆中穿梭下樓，眾多觀眾們停留在樓梯間，掩不住張張歡喜的笑臉，也跟著師父雙手合十，說著一些我們聽不懂的話。師父自是十分安慰，不斷點頭，不停稱謝。下了樓的師父，明顯地已氣力放盡，查可看到師父異常疲累的模樣，火速在會場附近的露天咖啡座安排了座位，讓師父坐下歇息。師父才剛一落座，水都還來不及喝一口，散場的觀眾們立刻極有默契的蜂擁而至，以為師父又要開示，又將師父團團圍住，堵了個水泄不通。查可有點著急，趕緊拜託他們解散，讓師父休息，不要影響了周邊的交通秩序。我當下在想，如果我是他們，我也會捨不得離開師父，我也希望繼續聽聞師父的智慧法語啊。

回到住處的禪修中心後，非常明顯地，師父幾乎已經癱軟在椅子上，可是，師父的表情是愉悅的，不斷垂詢著查可：是日來聽演講者，都是社會上哪些階層的人士？特別是聽眾有相當多的人數是年輕人。師父隨即又叮囑查可，盡可能把這些有著充沛好奇心的年輕人凝聚一起，教導他們打坐禪修，相信佛法會帶給他們意想不到的利益。查可立刻答應師父，一定會全力以赴，接引更多的有緣人來學習禪坐。

二十多年前，初次接近聖嚴師父，聽到師父說，他是個平凡人、一個普通的和尚，他會說錯話，也會做錯事。我在那個當下極為觸動，立刻收斂了慢心，感受到師父將自己列身與我們同一個高度，只為了讓大眾沒有距離地接受佛法的熏習與感化。這一趟在克羅埃西亞，我也親眼看見聖嚴師父也會累、也會病，但是看到眾生在他面前展示的認真學習態度，則讓他忘記病苦，竭盡所能地盡其形壽，火力全開地論述、闡揚佛法。

師父弘法海外的最後幾年，體力明顯不濟，以帶領禪修活動為主，鮮少外出。好在師父的健康尚為小康的前幾年，只要我開口請師父與我、攝影師外出片刻，哪怕是禪修道場附近的小道走一走，師父都會答應。身為《不一樣的聲音》節目製作人，我終是希望在記錄師父行腳海外的畫面裡，除了禪修的各種室內活動之外，也能有些戶外的自然風光，讓觀眾知道我們去到的國家、城市，具有何種特色。這一點，我一直深深感念著師父，犧牲少有的休息時間，盡其可能地滿了我的願。

在克羅埃西亞停留的那幾天，我明顯看見師父的臉色，一天比一天紅潤，說話也一天比一天有中氣。師父帶領禪修的道場，位於一山坡上，附近有不少農家，種植有葡萄與其他農作。我們陪同師父外出散步時，每遇見一農婦，師父都會主動打招呼，農婦們也都非常熱情地回禮，說出一長串好像是問候語之類的家常話吧。我也跟著開心起來，刻意跟師父說，此處的民族與波蘭果然不同，此處天氣溫暖，也感覺得到人們的熱度，不像在華沙，接觸到的人，好像跟天氣一樣，陰鬱愁苦，刻意與人保持一段距離，難以靠近。師父淡淡地回我，那是我自己的感受，不能一概而論。我偷偷吐了一下舌頭，趕緊闔上自以為是的大嘴。

某天午休時間，我一個人在室外散步，忘了正在思考什麼，根本沒有留意到心在何處？人在何方？走著走著，忽然聽到有人在叫「阿斗」，我一時沒有回過神來，左右前後瞻望，卻是不見任何人。等到再聽到聲聲呼喚：「阿斗啊，看這裡！」我仰頭一看，居然是師父！師父站在陽臺上，手中拿著相機，「喀嚓」一聲，幫我拍了張照。我有些訝異，沒想到師父隨身攜帶的相機，也會拿出來使用，照常規，師父的相機都是我在拍攝的呀！

回到臺灣後，師父透過侍者，將那張照片轉交到我的手上。我萬分珍惜，視為這一生中，萬金不換，至為珍貴的一樣寶物。就是因為萬般護惜，我非常刻意且謹慎地將照片藏置於心中，某個最是安全，最不可能遺失的所在。直到師父圓寂後的某一天，我才猛然想起，趕緊翻箱倒櫃，想把這張師父拍攝的照片找出來，配上裱框，放在書桌前，用以感恩、惕勵自己。只不過，花費了許多時間，幾乎把書房裡所有的置物箱都拆解了，只差牆壁沒有挖開，卻依然不見那張照片的蹤跡。我失神地癱坐在地上，無法相信那張照片，居然就像是消失在時空的黑洞裡，從此再也不會出現在我的眼前……。

行過以後

聖嚴師父說過：「心胸豁達的人，應該養成超越於欣厭及愛憂的觀念，沒有非要追求到手不可的東西，也沒有什麼已討厭到非得除去而後快的事物。……希望活得幸福的人，最好不要有愛或不愛的東西，也不要有或喜或憂的事物，應當練習隨遇而安、隨緣而動的修養工夫，環境需要自己怎麼樣，就怎麼樣去面對它、因應它，就可到處安心和安身了。」

跟在師父身旁，最容易感受到師父的雍容與安定，無論遇到什麼意想不到的事，師父如如不動的神情與身影，就是一尊慈悲的觀世音菩薩，那一動與一靜之間的分際與拿捏，就是國畫大師筆下的寫意山水——高山流水，自成格局，哪怕是孤僧一人，或是獨舟一艘，處在山巒與急水之間，在在都顯示出靜謐寧安的意境；那真是好一個隨緣而動、隨遇而安的寫照。

相反的，一張遍尋不著的照片，顯示的正是我始終無法體會的動中有秩、靜中有序的修行況味。

師父為我拍攝的那張照片，我當初得到了，應該就立刻「存封」在腦海裡。若干時日後，我又要全力去尋找，若是找到了又如何？難不成再去銀行開一個保險箱，將它再次藏進暗不見天日的箱子裡？

其實，想通了就知道，我從未失去過那張照片。照片是靜止的物，意念是心的流動的作用；僅只是靜與動、隨緣與放下，就足夠我去參上一輩子了。

第13條

為什麼要生氣？

我們經常會讚歎一個人的個性溫和，不與人計較，最慣常的形容詞就是「那人脾氣好，從不生氣」。感覺上，脾氣好的人，較能受到歡迎，事業也會通達；愛生氣者，人際關係似乎會糟糕些不說，工作上的成果也許也會打上很大的折扣。不過，這也不能以偏概全，聽說著名的英國男星休葛蘭，乃至牛頓、貝多芬，都是脾氣古怪的愛生氣一族。

據說，人們為了維護自尊，捍衛權益，都容易生氣、發脾氣。我曾替自己把過脈，分析自己容易動怒的時空背景，都是處於怎樣的一個局面？簡單說來，就是被冤枉、被惡言相向、遭到白眼、工作中被打擾……。

人，可以不生氣嗎？或者說，可以減少生氣的頻率嗎？就算有專家分析，愛生氣的人，較有行動力與創造力，並藉由生氣來減壓，但是，生氣對心臟不是也有害嗎？

所以，想要改掉愛生氣的習性，透過修行與禪修，讓心靜下來，讓自己重新來認識自己，或許就是個富有轉機的好方法。一般說來，我在職場裡，會盡量保持情緒的安定，避免生氣，圖的是工作環境的安逸與放鬆，畢竟傳播業的節奏太快，壓力也不算小。有一次，公司開錄影前的腳本會議，一位平日非常幹練的企畫，或許工作量太大，一時控制不住情緒，對我的評語無法接受，嚴詞反駁我。本來我還有意包容，婉轉解釋，但是企畫猛然拍桌暴怒的態度，踩到了我的紅線，我也當場發飆，痛責他違反職場的倫理，過於惡劣。企畫當場翻臉辭職，我也迅速批准，沒有慰留。

事後冷靜下來，我有點後悔，既然我已經在聖嚴師父座下皈依，成為佛弟子，為何修為不但不見長進，反而在員工面前失態生氣？

這且略過不提，在師父面前，我往往都會日子倒著過，回復為當年那個調皮搗蛋，不按牌理出牌的小男生。如今，我也很好奇，為何我不能如師父其他的弟子一般，將成熟、穩定，知書達禮的那個理想面向，呈現給師父？而老是要害了師父為了調教我，浪擲時間，費盡苦心？

沒錯，就算人在國外，我也曾火燒功德林，讓師父見識到我那生氣失態的醜相。那椿醜事發生在二〇〇〇年，我第二次追隨師父前往英國。或許一九九五年第一次的行程，我們攝影小組攜帶的器材委實嚇人，攝影機、腳架、電池、錄影帶等堆得像座小山。而這一趟，他們預約了一部中型巴士，想來也是給我們足夠的空間與方便，卻沒料到我的攝影組也縮編了，不再是過去三人組的ＥＮＧ大機器，而是改以小型的ＤＶ攝影機，器材也都變少、變小，只要一位攝影師就搞定一切。因此，當我在臺灣看到英方傳來的租車與住房預算時，不禁重重吸了口氣，但隨之一想，算了，只要拍攝工作順利就好，多花點錢也都無傷大雅。

誰知道，該次的旅程中，我的心念卻遭到負面思考的土石流，快速下衝的水柱外加泥石，沖垮了我的理智，不但釀成了災難，就連聖嚴師父與果元法師都意外被席捲了進去。

我這人就是古怪，你若對我好，要我掏心挖肺給你都成；反之，如果被我看破手腳，那麼非常抱歉，我一樣可以翻臉不認人。英國人做事講求效能，也非常在乎細節，第一次去英國時，我對英國人就有了粗淺的認識。這一回，我再次發現，他們委實現實得可以，對於我與攝影師的收費，錙銖必較，一分一毛都算得很清楚。起初我不以為意，沒有太上心，反正我也不願欠人人情，一切公事公辦也好。後來，我發現做為主人的他們，只管圍繞在師父身邊，就算外出臨時休息，進了咖啡館，也只知道招呼師父，就連我與攝影師沒有座位，都可以無動於衷。這下我火了，我們沿途記錄的內容，屆時剪接好，也會分享給他們，他們的眼中，竟然完全沒有我與攝影師的存在。是故，逮著機會，我就向師父的助理果元法師反映，我說，如果我們攝影小組這趟沒來，主辦單位一樣要租車子，要付油錢、過路費，而這一趟，我們幾乎把所有移動的交通費用都承包了，他們一切享受現成的，卻好像理所當然，一聲招呼都不打。是故，我希望主辦單位扣除我要承擔的部分，原先應該是他們租車、加油的錢，都該補上差額還給我。

聽了我一長串的搶白，果元法師的表情十分凝重，答應我立刻就會處理。沒一會兒，師父就趕緊把我找去，跟我解釋，英國的主辦單位，都是幾位收入不高的教師與普通百姓所組成，經濟情況並不寬裕。師父並安慰我，他自掏腰包來補貼我可好？聽了師父的說明後，我一個勁地搖頭，任由委屈在肚裡發酵著，嘴裡卻說不出任何話語。其實，我只是跟自己過不去，因為我的英語能力難以獨當一面，如果主辦單位放任我與攝影師在一邊，我們倆頓時就成了沒人照管的流浪兒了。可是此一委屈，我如何開口說與師父聽？這純粹是我自己的語言能力不夠，要怪誰呢？所以，我多日來對主辦單位所累積的不滿，才會嘩然潰堤。

師父大概讀懂了我的心，好言安慰我，要我體諒主辦單位，不要生氣。另一邊，主辦單位聽到了風聲，也火速把我找去，哇啦哇啦的說了一堆，我卻是有苦難言，總不能跟他們嗆上一堆中文吧？我只能對著他們猛搖頭，一味地搖晃著雙手，嘴裡如塞滿了浸濕的棉花，全數堵住。剩下的幾天，每天見到那幾位英國人都很尷尬，我的眼神只能飄移著，無法直接與他們對視。直到最後一天，在車上與他們清算所有的費用，我的英鎊不夠，幸好美元還足，就掏出美元一張一張的數數，當場與他們結算清楚。結果，進退失據，自食其果的當然是我自己；原先在內心翻攪的種種不滿與憤怒，到頭來全成了身上難堪的乾癬，只能兀自抓著摳著，哪怕是抓疼了，也只是自作自受，也只能全都嚥下了肚子。

如是這般，我還真成了小心眼，居然在師父面前瞋心大作，成了惹是生非、不講道理的三歲小娃。事隔多年，有一回作家施叔青為了寫書，與那些英國的禪眾有過聯繫，施叔青說，那些英國人誇讚我很能幹，只可惜……。我接上了話：「只可惜英文太差了！」施叔青忍不住當場大笑起來。

跟隨著師父走天下，接觸過許多不同民族、不同國家的人民，我還真是體會出，居住在所謂經濟與社會發達地區的人們，或許無法如外表的光鮮亮麗那般富裕又自得，他們還是得在高收入的社會架構裡，盤算著每個月的收入，付稅、付家用、付兒女的養育費，例如英國與德國。相反的，一些我們認知上以為經濟不甚發達的地區，例如俄羅斯、墨西哥……，他們平日或許過著縮衣節食的日子，一旦要迎接聖嚴師父來到，包括我與攝影師，都被當作上賓，噓寒問暖、照應周詳。在俄羅斯時，主辦單位對我與攝影師片刻都噓寒問暖著，就怕我們有所不便。同樣的，在墨西哥的玉海，是處風景秀麗的海邊度假勝地，師父帶領完禪修後，我苦著臉，向師父報告，主辦人蘿拉不但食宿全部免費，堅持拒收我與攝影師阿良的費用，還送了好多禮物，這下怎麼辦？師父說，我的誠意，蘿拉顯然已經收到，那就客隨主便，接受主人的美意吧。

有一回，師父在以色列參加世界宗教理事會的國際會議，每天都由當地的仕紳以豐盛的飲食招待我們。有一天，師父說，下午不要吃太多點心，因為當地一位生意成功的巨富要宴請我們晚宴。到了晚上，主人頻頻發表高論，又不斷介紹各階層的友人，但是，除了茶點之外，久久不見任何的食物出現在眼前。直到很晚了，主人終於解放客人，讓大家告退。我們師徒幾人，幾乎都是飢腸轆轆地返回飯店。師父也無奈地笑著說，越是沒有錢的人越有同理心，越是願意將僅有的所得、所有與他人分享。說完，師父揮揮手，要我們趕緊去吃飯，還特別叮囑我，要帶著攝影師阿良去吃點「好吃的」。

那一晚，我沒有生氣，因為師父同意我帶著阿良去吃好吃的。

說到好吃的，另有一事不能不記。

也是在墨西哥的玉海，趁著禪七結束，師父無事，一身輕鬆，我建議師父去海灘走走，順便為《不一樣的聲音》節目補拍一些外景的鏡頭，師父同意了。我們大隊人馬，拉拉成一支隊伍，在海灘的椰林下，踏著鬆軟溫熱的白細沙，寫意地緩步而行。玉海是當地有名的度假區，海灘邊上，一整排十幾厝用棕梠葉搭成的草棚，販賣各式飲料與紀念品。主人蘿拉擔心天太熱，建議師父選一家，試飲好喝的椰子水。師父沒有任何猶豫，筆直地朝著一店家走了進去。等到我也跟在師父後面，入得清涼的草棚裡，才發現是一年齡頗大的阿嬤在顧店，她的懷裡，躺著一個雙眼發直，沒有表情的女孩子（明顯是位心智發展有障礙的孩子）。那個當下，蘿拉有點尷尬，不知該是進還是退為好，師父回頭對著外面觀望的眾人說，都進來吧，師父要請大家喝飲料。

我一口氣就把新鮮的椰子水給喝了。師父自僧袋裡取出錢包，準備付錢，我搶著想付。師父問我，有墨西哥錢嗎？我當場傻住，對啊！我的身上只有美元，根本沒有墨西哥幣啊。師父笑著說，他在機場換了墨西哥幣，還沒有機會使用，正好得以派上用場。

因為隨師走天下，我看到一位得道高僧在日常生活中自然體現的高妙德行。師父時時刻刻顯示的慈悲與智慧，就是渾然天成的軒昂大器，看在我這一身頑固習氣的弟子眼底，除了慚愧，也只有臣服。

說來真的慚愧，時隔多年，我那曾在英國出醜的瞋心，如活火山，稍一不注意，還是會震動噴火，抑制不住。看來，我的懺悔與反省不但遠遠不夠，修行也一直沒到位啊！

行過以後

聖嚴師父說過：「生氣的原因很多，有的是身體上的問題，有的是觀念上的問題，有的是氣候、環境的關係，甚至是他人帶來的煩惱。由此可知，生氣的因素不一定完全由自己控制，也不一定是自己修養不好。」

又說：「生氣的對象不一定是值得生氣的，生氣的事不一定是需要生氣的，解決問題也不一定非生氣不可，生氣通常只會讓情況更糟。如果能夠明白，讓你生氣的人與事都不過是因緣假合，並不會永遠存在，你就不會再生氣了。」

缺乏智慧的我，沒有記取師父給的教導：「讓你生氣的人與事都不過是因緣假合，並不會永遠存在」，卻老是活生生的把自己推向崩潰的懸崖邊上。有一回，我邀約幾位友人在一家經常光顧的餐廳用餐，服務人員也都認識。等到點餐後，我發現素食不夠，就趕緊到櫃臺，想追加幾道素食。沒想到，平日熱心的服務員，大概與其他的員工有所摩擦，居然對我大聲怒吼，叫我不要跟她說話。我摸了摸鼻子，有點無趣，才想回座，但無名火瞬間燃起，換了我不樂了，我指責她說，豈可如此無禮對待客人？原先熱鬧的餐廳，在我的怒吼聲中瞬間寂靜了下來，我火速買了單，領著朋友揚長而去。

我們隨後換了家餐廳。不久後，我接到那位服務員的簡訊，向我道歉。讀了簡訊的我，也開始後悔，立即回覆她道：「身為一個佛弟子，應該懂得寬恕他人的道理，我也要對我的發怒向妳道歉。」

師父說得太有道理，日常生活中，面對很多人、很多事，不一定是需要生氣的。我真心期待自己，可以做個不要生氣的人！

第14條 點上一盞光明燈

每逢年末年始，人們都記掛著要去寺院裡，為自己、為家人，點上一盞光明燈。

我的腦袋，時有妄念亂竄，某日忽然異想天開，或許哪劫、哪世，我曾是某佛寺裡負責點燈、掌燈的小沙彌，才使我這一生享有善報，得以製作了《點燈》節目，並在師父座下皈依三寶，有了依歸。

二〇〇三年的十一月，我原本沒有計畫去紐約的，後來之所以成行，主要有兩個原因。一來，要到美國辦理以色列簽證（該年的十二月，要與師父一同前往該國參加世界宗教理事會議）；二來，法鼓山僧團認為，一直缺乏一套師父帶領禪修活動的英語版影片紀錄。是故，我與攝影師阿良，理所當然的就進駐了紐約上州的象岡道場，師父將在此主持為期十天的默照禪。

該年的七月，是我製作的另一《點燈》節目播出十週年，這個節目也是我親近聖嚴師父的因緣所在。我們在華視的第八棚，安排了具有特殊意義的十週年慶祝活動，將參加過節目的全臺觀眾約一百位以上，邀請到攝影棚內，稱得上是空前了（絕後當然不敢說）。只不過我的心裡很清楚，華視很可能會隨時叫停這個節目，因為每集預算已經被刪減到僅剩個位數字。

當時的華視總經理來到棚裡帶頭切蛋糕，她在致詞時慷慨激昂地說道，像是《點燈》這種利益社會的節目，不要說是十年了，華視應該二十年、三十年……永續經營。她一說完，臺下爆出熱切、歡喜的掌聲，久久不歇。錄完影後，許多來賓紛紛過來給我大大的擁抱，比我還要興奮地鼓勵我說，總經理都已經在大庭廣眾面前熱情宣布，我大可放下懸在胸口的那顆極不安寧的心了。我雖然多少帶有激動，但彼時華視內部的氛圍，實在無法讓我樂觀得起來。

每回跟隨師父弘法全球各地，我都在事先錄好《點燈》節目的存檔。就算我不在國內，公司的企畫們也都會將相關業務回報給我，讓我隨時可以掌握節目的進度，沒有任何的不安與疑慮。

就在紐約金黃暖人的秋陽被蕭颯刺骨的寒風替代之際，我們師徒一行剛好就身在其間。一天上午，才走上前往禪堂的斜坡，我的手機震動了，有十二個小時時差的臺灣來了通電話，公司的同仁告訴我，華視已正式來了通知，《點燈》的熄燈號響了，要停掉該節目。我心想，該來的，終究還是會來；就叮嚀同仁，不要慌，等我回臺灣再說。掛了電話後，我卻是如何都無法平服亂了調的心境。

沒過一會兒，師父要進禪堂開示，我守在禪堂門口，等著幫師父戴上收音的「小蜜蜂」。一向準時的師父，果然行過寮房與禪堂間草坪的小道，緩緩走了過來。向師父雙手合十後，我替師父別上了「小蜜蜂」，就側身立於一旁。原本已經要轉身進入禪堂的師父，忽然一回頭，直視我的雙眼問道：「臺灣有事嗎？」我一時有點反應不過來，只是本能地搖了搖頭，回答道沒有事。師父沒有罷休，眼神如聚光燈，緊緊盯著我，又問了一次：「臺灣有事嗎？」這一下，我無法再矜持下去，只好乖乖地向師父繳械承認，是《點燈》有事。師父繼續追問：「《點燈》怎麼了？」我說，華視來了通知不做了。師父對該節目的動向很清楚，十週年的活動，師父無暇參加現場的錄影，還特地錄下了賀詞，在節目中播出。師父沒有再說什麼，轉身推開禪堂的大門。

師父那一堂課的開示，講到默照禪的著力處與放鬆點。我已然亂成一團的思緒，就是空中斷了線的風箏，一下飄飄渺渺地沒了蹤影，一下又上下亂竄地闖進視野裡。偶爾，我會費勁地將注意力抓回來，回到師父的教導上，只不過，建構原本尚稱完整的腦袋，已經是打破的糖果罐，圓滾滾、亮晶晶的各色糖果，在地上四處潑灑嬉鬧，就算有心追回，終究還是徒勞無功。過去十年，我在製作《點燈》節目的過程中，遭遇到的千般美好、萬般倥傯，一件件、一幕幕地在眼前急速閃過，其中有喟嘆、有氣憤、有安慰，也有不甘……。原來，自以為漸有長進的修行路數，因為此事，整個被打亂，剩下的，無非是脆弱玻璃心崩解後，所留下的滿地碎片。

隔天上午，聖嚴師父又要進堂開示，我照樣站在門口等候師父。見我別好了「小蜜蜂」後，師父將收音的收發器順手置於僧袍的口袋，忽然滿臉笑意地看了我一眼，我有點摸不著頭腦，只能回給師父一個勉強的苦笑。師父這下笑得更是燦然，伸出手，指著我說：「嘿嘿！哪天阿斗不在了，說不定《點燈》還在喔！」才說完，師父的身影就隱沒在禪堂的大門後。我的兩腳卻因此釘牢在原處，開始反覆咀嚼著師父說這話的究竟含義？

這明明是默照禪十，師父為何留了句話頭讓我參呢？我真的完全發矇了。

就這樣，一向好動的我，難得像根木頭，插在原處，周邊全是雲與霧。我的謎團，就是師父的那句話：「哪天阿斗不在了，說不定《點燈》還在喔！」

也許經過了幾分鐘，也許更久，纏繞著我的雲霧突然啪噠的一聲，消散不見了！

我懂了！《點燈》不是我張光斗個人的，它取之於社會，當然也該用之於社會；社會需要它時，它的燈火當然可以恆久長明；如果社會不再需要，它自然就會關燈熄火，退出人們的視線外。

我懂了！愚癡的人終於清醒了過來！我猛然想起，師父說過的啊，只要是對眾生有益的事，就一定有路可去，有道可行。我一不為私欲，二不貪圖名利，只要秉持著「傳播希望、看到愛」的初發心，大可勇敢地挺身而出，為《點燈》尋找薪材與燈油……。我的腦袋在當機後重新開機，並開始快速運轉，我甚至已經聯想到，可以在回臺後成立協會，以協會的名義，向企業尋求贊助與募款，來延續《點燈》的光與熱。

我立馬輕盈歡快如象岡道場四處飛舞高歌的知更鳥，碧藍如洗的晴空就是無涯無垠，希望無窮的美好世界。

由紐約回臺北的路上，我不帶一絲一毫的怨懟與愁苦，反倒在飛機上看電影、聽音樂，每頓餐點都吃得淨光。回到臺北後，因為時差，每天清早天未亮就再無睡意，乾脆順勢起床，前往公寓後方的金面山快步經行，沿途誦念經文與佛號。

某日才一下山，同修就跟我說，法鼓山的許師兄來了電話。我還問哪位許師兄？她說是中華郵政總局董事長的許仁壽師兄。我又直白地跟同修說，我跟他不熟，連杯咖啡都沒喝過，只是知道彼此而已啊。沒過一會兒，許師兄的電話果真又來了。

許師兄說，很奇怪，他平日很少閱讀報紙，更別說是上網，但是當天上午，他上網了，並在一份報紙上，讀到《點燈》節目要吹熄燈號的報導。他說，這麼好的節目怎麼可以停？緊接著，他說要跟我懺悔；我大駭，請他千萬不要這麼說。他才繼續說明，在沒有經過我同意下，他已直接打了電話給他的好友，也就是時任公共電視的董事長陳春山先生，並已約好，過兩天要陪著我直接去公共電視面晤陳董事長。

隔了數日，我與許師兄一進入公共電視，就發現是場大陣仗。陳董事長將一級主管都找來開會，開門見山地說明，《點燈》在華視碰到一些狀況，如果轉來公共電視製播，是否有其需要與可能？沒想到，主管們居然沒有任何異議，一致同意，並樂見其成。於是，許師兄當場就明快表示，時段要請公共電視費心，至於製作費用，他會去想辦法。

更讓我意外的事情也在數日後發生，我竟然接到永齡基金會的電話，說是郭台銘先生有意願贊助《點燈》節目在公共電視製播。

得此喜訊，公司的同仁們都大聲喝采，我卻非常明白，如果不是許師兄親自出馬，替《點燈》尋找好因緣，別說是向如此龐大的機構叩關了；在此不是審核會計年度的尷尬時期，臨時將《點燈》的案子送去任何公司機構，基本上都不會被接納，更遑論是知名的關係企業。

《點燈》節目重新點燃的重要起步，竟然在「點燈人」許師兄的及時促成下，即時爬起，蹣跚向前。

聖嚴師父經常鼓勵我們，「急需要做、正要做，而沒人做的事，我來吧！」又說，只要是對眾生有益的事，就要全力以赴，無論發生任何問題，一定會有人及時伸出救援的手。我不知道哪一天，「阿斗不在了，《點燈》還在喔！」這句話是否會真的發生？其實，對我而言，那已不重要，因為真的到了那一天，《點燈》的燈火是否依然照亮，已然不是我阿斗的事啦，您說是不？

行過以後

聖嚴師父曾開示過：點光明燈的起源，原來是釋迦牟尼佛住世時，佛在夜晚說法所需的照明設備，於是鼓勵大眾點燈，目的是為了供佛、供法和便利大眾。後來，則轉變為自己點一盞心燈，使得自己的心能夠清淨、明朗，有智慧。「這是一種祈禱，而不是光明燈本身有什麼功能。」

「點光明燈的另一個功能，是藉著點燈的心願，同時對寺院做了布施，讓寺院可依此經費來維持道場，來從事弘法利生的工作，因此也是一樁大功德。」

幼時，每逢春節前，母親都會去潭子的觀音廟，為家人安太歲、點燈祈福。大年初一一大早，母親就又往廟裡跑，我耍賴，不願早起，懶得陪她前往。

十五歲那年，我逃過一死劫，因盲腸炎轉為腹膜炎，開了兩次大刀，住了一個月醫院。就在最為嚴重，掙扎在生死線上時，母親聽信了同病房病人家屬的建議，前往觀音廟，替我點光明燈，並向觀世音菩薩許願。說也奇怪，我在第二次手術，麻藥未退時，就告訴在我身邊哭泣的母親說，別哭了，剛才有一位穿白衣服的女子來看我，摸了我的肚子，肚子一下變得好清涼，忽然就不痛了。母親大喜，說是觀世音菩薩來過了，她的兒子有救了。

如是這般，自我大難不死後，母親更是堅持她的信仰，只要一有過不去的事相擾，她就往廟裡跑，求請觀世音菩薩救苦救難。就算我在國外，母親也必要囑咐妹妹，將廟裡求來的平安符寄給我。

時隔二十餘年，等到我由日本倦鳥歸巢，回到臺灣，製作第一個常態性電視節目時，沒有經過任何的猶豫，就將節目的名稱定名為《點燈》。或許，下意識中，「點燈」二字，已然早早鐫刻在我的潛意識裡，等到因緣一成熟，就自動彈跳出來，雖然當時的我還沒有任何正式的宗教信仰。

時至今日，每年年前與大年初一，母親就算無法再騎著摩托車往觀音廟跑，但還是會要妹妹開著車，載著她前往。而我，已收起慢心，也會乖乖地跟在後面，去向觀世音菩薩磕頭感恩。這還不算，大年初二的一大早，我還會帶著臺北的家人與一群好友，前往法鼓山，向聖嚴師父拜年。師父的晚年，更是把當時的果東方丈一同請到會客室，給了我們嶄新的祝福。就算師父圓寂，歷經果東方丈與果暉方丈，此一回「家」拜年的儀軌，從未終止過。

我這一生，反身自省，雖無惡行害人，卻也乏善可陳。唯一慶幸的是，藉靠著《點燈》節目，得以親近聖嚴師父，聽聞佛法，心生善念、不忘懺悔。雖說每日日課誦念經文時，總有妄念來擾，瞬間被拉跑，因而甚為沮喪。但幸好記得師父說的，清楚知道妄念來了是「照」，不跟著妄念跑，把注意力專注於功課上是「默」。是以，將餘生託付給《點燈》，也是我的日課之一，透過節目「傳播希望、看到愛」，讓受苦眾生獲得慰藉，正視生命的可貴，惜福惜緣，這不就是為自己、也為他人，點上了另一盞「光明燈」了呀！

第15條

隨順因緣、掌握因緣

這些年，社會人士使用的社交語言中，「隨順因緣」算是頻率挺高的，往往勸解、安慰面對失敗的親友時更是好用。只不過，「隨順因緣」並不是消極的用語，它不是掩飾失意、推卸責任的美好藉口；相反的，它具有積極正面的啟發性。當你已盡了最大努力，而前方卻出現此路不通，無以為繼的信號，那就轉一個彎，尋找或是等候再起的另一段因緣。也許事緩就能圓通，當你繞了彎，局面改變，或許事情就此一路通暢，路障不再，真的就順風順水地高唱凱歌了。

我這人做事，經常是熱情衝動占先，綿密周延的思考闕如。因此摔的跤、栽的跟斗，只要查看身上與心口的傷痕，也就一覽無遺。

自從皈依了聖嚴師父，法水取代了雞湯，法益洗滌了塵泥，心靈顯然強大了起來。

我急欲與結識的朋友們分享，積極地邀約他們參加法鼓山的禪修活動不說，一旦聽聞到建設性的建議，我也立刻腦袋發燙，須臾不候地拍鞍上馬，躍向目標。

九〇年代的臺灣，解嚴外加經濟起飛，臺灣社會的景氣一片欣欣向榮，激發了整個民間的活力。也因為物質條件的充裕，人們發現心靈反倒分外的空虛，於是，佛教的各種修持活動，也因緣成熟地進入人們的生活領域。佛法的興盛、禪修的推及，帶動了所謂「東慈濟、北法鼓、中中臺、南佛光」的讚歎，四大道場的活躍精進，助生了學佛的風氣高漲，佛法在臺灣亮起了萬道霞光。

某次，幾位朋友喝茶聊天，不只一人跟我反映，聖嚴師父在日本修得博士學位，我剛好也有留日經驗，應該在日本為漢傳佛教多做些建樹；如果法鼓山在東京成立一處分會，對接引當地的信眾，應是個很好的開端。我立馬興奮了起來，興致勃勃地向聖嚴師父報告，願意當作先頭部隊，前往東京踩線布局，為法鼓山在東京的分會，做好前置作業的預備工作。師父見我一頭熱，不忍澆我冷水，只是叮嚀我，此事不是那麼容易，要步步為營才好。

那是一九九六年的事。

我飛去東京後，憑藉著收集到的幾筆人際關係資訊，分別與幾個東京華人的佛教團體聯繫。經過數次試探、商議，我逐漸體會到，一些主客觀因素，並非我的能力得以掌握。首先，我已將工作的重心移回臺灣，雖說東京租賃的住房依舊保留著，但是無法在東京久留，就註定我無法在當地深耕運作。其次，我的口袋不夠深，無法拿出一筆基金，在當地安置固定的班子進駐籌備處，人員就當然無法聚集。第三，我所聯絡的幾位籌備處人選，或因工作與家庭因素，或是已經隸屬於其他教團，很難分身來支援。因此，無頭蒼蠅忙亂一陣後，別說是東風不來，就連糧草都無法籌齊。幸好師父的先見之明，替我打了一劑預防針，沒讓我在東京街頭流浪，無顏回國覆命。

我灰頭土臉地低著頭，在農禪寺向聖嚴師父報告經過，並當場懺悔。師父反過來安慰我說，東京腹地大，華人的住處非常分散，加上華人為了生計，一向各自打拚，不太彼此聯繫合作。因此，要想在東京成立法鼓山分會，難度本來就非常高。

「一切就隨順因緣吧！」師父又再次安慰我。

話雖如此，我在慚愧之餘，心頭當然堵得慌，老覺得「隨順因緣」是師父勸勉我的話，我應該再試著掌握因緣、創造因緣才對。

一九九七年的四月底到五月中下旬，我跟著師父行走了五個國家與地域，親眼見到體力嚴重透支的師父，是如何忘卻自我的安危，一心投注在眾生身上。那份悸動與震撼，也徹底激發了我護法敬僧的意志與決心。

由紐約回到臺北後，我剛好又遇見了師父的祕書廖今榕師姊。廖祕書當然知道我在東京鎩羽而歸的事件本末。她跟我說，師父雖然回過東京立正大學拜會，但從未在母校公開演講過，因此建議我，不妨先行安排一場師父在母校的公開演講，有些因緣說不定就此匯合聚集。我一聽大喜，立刻表示，願意奔走這件事。沒過多久，廖祕書告訴我，師父同意了，我心想這次絕對不能再砸鍋，一定要謹慎行事，務必圓滿才行。

師父在日本留學期間，對師父非常照顧的立正大學三友健容院長，適巧來到臺灣參加國際佛學研討會，我與他是舊識，因《點燈》節目採訪過他。我趕到活動舉辦的場地，很快地就找到三友院長。聽到我的陳述後，三友院長也當場興奮了起來，他說，多次邀請師父返校演講，但都因緣不具足，沒有成功。而今因緣乍現，他非常歡喜，一定發動學校的師生們，一同努力，大力促成！

有了三友院長的支持，我的士氣立馬充足飽滿，開始籌措起相關的籌備工作。經過雙方的研究，並且稟報師父後，日期就定在該年的十月中旬。

每回師父有重大參訪活動，最為受到師父信賴，一直擔任總領隊的施建昌菩薩，當然也是此一計畫的臺灣負責人。他體貼的幫我找了王崇忠、陳照興等幾位熱心師兄，籌措了一筆運用資金，讓我得以阮囊毫無羞澀的放手去做事。

只是我這個人，有時候還真是熱心過了頭，等到萬事備妥，準備出發了，我又捅了個馬蜂窩。

師父返回母校公開演講的消息傳出後，在臺灣法鼓山的內部，也迴響起一股熱潮，許多信眾都希望能夠護法聽講，跟著師父一起去東京。於是，施建昌師兄就組織了一個聽講團，人數有所限制，頂多不超四十位。一聽說有團參與，我又主動跟施建昌師兄建議，我自己的出國機票，都交由一位好友已經離婚的姊姊代辦，此事不妨交給她吧。老實說，那位老姊的旅行社有何種規模，我並不知道，但是，我還是推薦給施建昌師兄了。沒想到，等到大隊人馬即將出發，整團的機票居然完全搞不定，施建昌師兄火速找了另一家大型旅行社，將機票在最短的時間內妥善補齊，沒有落下任何差錯。只不過，我事後側面得知，施師兄為此私自補貼了二十幾萬的機票差價，他卻從未跟我提及。

經過此一教訓，我更是深刻體會，因緣果真勉強不來。

在三友院長全力動員下，派出了北川教授、秋田講師，做為整個活動的日方窗口。他倆的電話二十四小時完全對我開放，任何疑難雜症，我都可以立即找到他倆尋到解決方案。同樣的，我也再次感受到日本人一板一眼的行事風格，哪怕是師父屆時的用餐菜色，師父在演講結束後茶會的座位安排，會場橫幕字體的大小等，他們都毫不馬虎地與我再三核實，十分嚴謹。

一團數十位人員的食宿當然也是問題，尤其是住宿，如果距離立正大學太遠，眾人還要乘坐大巴士移動，肯定會衍生各種麻煩。好在我的東京友人林子傑非常靈活，他幫忙在距離立正大學只差一個電車站的地方找到價錢實惠、規模合適的飯店。對此，施建昌師兄與同行者都很滿意，我也放下了心中的石塊。

師父在母校立正大學的公開演講，終於在畢業近二十年後開花結果。當天，站在立正大學的大講堂前，看著華人聽眾與校方邀請的日方貴賓們，一波波地湧進會場，真有說不出的激動，眼睛因此數度濕潤，久久難抑波動的情緒。隔天，師父依然不得閒，專程帶領著數十位僧俗弟子，前往曾經住宿的木造住宅去探訪當年苦讀的環境。雖然房東早已易人，但老屋依舊。我們仰著頭，看著師父住的二樓小房間，跟著師父的描述，想像師父在此熬過多少赤日猛曬，蒸熱脫水的炎暑，以及風雪穿越窗隙牆縫，寒顫難止的冬日酷寒；師父不動如山，屹立不搖的苦讀猛進，才能在短短的六年間，取得碩士與博士學位。

這次活動非常成功，不但三友院長等立正大學校方人士非常開懷，聖嚴師父也十分滿意。我自己卻是十分清楚，如果不是眾人無私的協助與支持，只憑我這有勇無謀的莽漢低頭猛衝，是否還會惹出什麼禍頭，可能都難以想像。

所有的行程結束，我無法與眾人同時搭機回臺，必須留在東京數日，處理一些善後工作。當師父一行搭乘的巴士駛離飯店門口，我站在原處向他們揮手道別；隔著玻璃窗，師父微微笑著，也舉起了手；剎那間，師父說的「隨順因緣」，在我耳畔緩緩升起。

行過以後

聖嚴師父說過：「人的遭遇並不是可以事先預料的。不同的時空背景，往往會產生不同的人生價值，因此『生涯規畫』常常不可靠。比如我年初就會排好全年的行事曆，但往往會因一些變數，必須更改行程及計畫，這些並不是僵硬不變的。佛家所說『隨順因緣、掌握因緣、創造因緣』，就是這個道理。」

師父進一步又闡述道：「『隨順因緣』是說若因緣出現，可以讓你成長、發展，那就應該隨著因緣去努力完成；這些事如果有

五、六成情況是你可以接受，且有利社會，就應把握機會，放手去做，這就是『掌握因緣』了。」

有了前後這兩樁在東京發生的故事，我對「隨順因緣」的體悟，照理說是夠深的了。只不過，有的人是好了傷疤忘了痛，一個不經意，就會繼續摔個四腳朝天。那個人，自然就是區區在下。

有一年，承蒙當時紐約東初禪寺監院法師的不嫌棄，指名要我去主持一場大紐約地區的感恩餐會，希望能募得一筆基金，做為老舊寺院的修建所用。我自然是興高采烈的趕了去。整個活動，動員了東初禪寺不少的義工，從菜色的設計，桌次的安排、來賓的邀約，都做了細密的安排。等到餐會的晚上，來賓的興致都很高昂，無論現場的餐飲、影片的播放、來賓的心得分享，稱得上是有笑有淚，非常圓滿。等到餐會結束，檢視募款箱裡的內容時，才發現與我們的預想有非常大的落差。

檢討會上，大家彼此觀望，都有點喪氣，師父於此時開口說話了。師父說，一場勞師動眾的餐會，美其名是為了募款，但是募款的名目為何？募款的機制呢？後面的配套措施又是什麼？剎那間，我們才發現，從頭到尾，我們只是悶頭關注在餐會的氣氛營造上，對於最為重要的主題架構，都整個忽略了。師父開示過後，緩緩站起，慰勉我們都辛苦了，並鼓勵大家在下次籌辦活動時，能夠好好地掌握因緣、隨順因緣，然後再創造因緣，不要頭重腳輕忘了初發心，徒然浪費了大家的時間。

這條大道，修正後的我，居然還是沒有走正。

第16條

正面解讀，逆向思考

日常生活中，總有一些不順眼、不稱心的事，來困擾、纏繞我們，造成負面情緒高漲，進而吹皺了心湖，攪亂了原先水波不興的靜好日子。

我自小對魔術沒興趣，再好看的魔術表演都提不起勁。理由無他，我覺得那就是「假」的，「真實」不了，就算是技法再炫再玄，沒胃口就是沒胃口。是故，友人分享的任何魔術影片，都無法賺到我一個讚。

與魔術大不同，若將佛法運用在日常生活中，真的會如魔術大師出手一般，立刻轉換沮喪低落的心境，將整個人都裡外翻轉，煥然一新；這個層面，我倒是完全接納。我曾親眼目睹且體會聖嚴師父將佛法運用到生活中的智慧，那才真的是讓我心服口服。

一九九八年的九月四日，師父結束了俄羅斯的禪修指導活動後，僧俗四人由聖彼得堡飛往法蘭克福，再轉機前往北京，參加「海峽兩岸佛教學術會議」。

每回在春、秋兩季，追隨聖嚴師父行腳海外，免不掉的長途跋涉，委實有點累人，包括轉機的候機時間在內，經常要耗費二十四個小時以上。有一次，我實在忍不住了，詢問師父，為何不見師父被時差干擾的問題？師父說，六十歲之前，他完全沒有時差的困擾，上了飛機就看書寫字，下了飛機就開會上課。等到年紀慢慢增長，時差的確就會冒出頭來，但是，睡不著就睡不著，起身打坐，也算是休息。於是，我就學習師父的方法，面對時差而睡不著覺，就起床打坐；只不過往往坐不到幾分鐘，就落了個七歪八倒的下場，甚至斜臥在床上，酣然入夢了。

那一趟，我們搭乘的是德航，心想德國人行事嚴謹，他們的飛機應該非常準時，絕對安全才是。結果果然準時，起飛時間還沒到，所有的乘客皆已落座，飛機的艙門也隨即關上，我還挺樂，提早起飛，可以提前抵達目的地，真好。等到空服人員廣播完畢，飛機的引擎發動，我那沉重的眼皮才要搭下來，忽然引擎聲嘎然停止，我體內的警報機制也隨之大響，原先的瞌睡霎時不見，並覺得局勢有點不妙。在隨後的數十秒鐘裡，全機數百位乘客，都極度安靜了下來，像是課堂上，面對嚴肅的老師，準備要發表月考成績。等到有人沉不住氣，開始交頭接耳時，擴音器傳來機長報告，說是飛機故障了，要請全機的旅客全部下機，在休息區等候通知。這下好了，機上有如煮沸的熱水，有人詛咒、有人嘆氣……。我當然多少有點沮喪，一般習慣旅行的人，最怕飛機誤點，如果碰到飛機故障，需要多少時間修復，更是誰都說不準；運氣不好時，還會熬到隔天，換了架飛機，才能成行也說不定。

我們師徒四人當然都魚貫下了飛機。不過，德航讓我們都可到候機室的餐廳休息，並提供飲料的服務，這還挺親民、挺貼心的。師父的侍者果元法師為師父取來了礦泉水，我則端著一杯飲料回座。師父問我，拿的是什麼？我回道是可樂，師父點了個頭，說是他也要。我一驚，趕緊跟師父說：「這是冰的，對師父或許不宜。」師父露齒一笑，說是難得一次，沒關係。我自是立刻替師父取來了一杯可樂。然後，果元法師也回座了，師父立刻好奇地問，那是什麼？果元法師說是冰淇淋。師父像是小孩兒一般，開心地說，他也要。果元法師的反應跟我一樣，搖著頭，回答師父，師父的腸胃，或許不該吃冰淇淋。師父還是笑著回答：「沒關係，偶爾一次，可以的。」

於是，聖嚴師父不但喝了冰可樂，還吃了一客冰淇淋。

我本來猜測，飛機的故障少則需要兩小時以上，否則航空公司要乘客在登機處附近休息等候即可，為何還要招待飲品？可是說也奇怪，我們還沒把椅子坐熱呢，忽然廣播響起，說是飛機修好了，可以再次登機。周遭的乘客們紛紛站起，走向登機口，我們當然也各自收拾起隨身行李，準備前往登機。此時，正要起身的師父忽然以非常愉悅的口吻說道：「飛機故障真是好啊！我不但喝到了可樂，還吃到了冰淇淋。真好！真好！」剎那，我像是被神仙的魔術棒給定在原處了，真是沒有想到，師父可以如此有智慧的轉換念頭，將原本因飛機故障所衍生的困擾，瞬間改變為正面的解讀。這真是好哇！好到讓我心生歡喜，好到讓我立刻領悟，原來師父經常掛在嘴邊的「佛法這麼好，知道的人這麼少，誤解的人這麼多」，真的在日常生活中，俯拾皆是啊！

我傻傻地站在原處，仔細咀嚼師父以實際言行體現的佛法智慧，真是值得一再玩味。已經跨出好幾步的師父，忽然回頭叫我：「阿斗啊！要上飛機了，你還在那裡發什麼呆啊？」我有如夢中被敲醒一般，趕緊快步追上師父。

當時的北京機場尚未改建，又小又窄，一時很難消化忽然增加的飛機班次以及大量旅客。

我們到了北京機場，坐上接駁車，前往入境處辦理入境手續。只因入境的櫃檯少，眾人沒有排隊的習慣，都火速地往前湧進，我們四個立刻被沖散。好在我一向輸人不輸陣，在互不相讓的人潮中，力排人牆，擠到了師父的身後。我問師父沒事吧？師父回頭跟我笑笑，揚起手中的旅行證件，毫無違和感地隨著人潮向著櫃台前進。師父雖然非常瘦弱，但是腳步堅定而不蹉跎，沒有被人潮擠出既定路線。我不禁啞然失笑，所謂「入境問俗」，就是不刻意抗拒每個當下的境遇，該怎麼面對就怎麼面對。我心想，如果師父要我們等一下，不要跟人擠，等到最後再辦入境手續也不遲，或許結局就不一樣了。很可能，入境的班機一班接著一班，萬一後面的旅客又再次塞爆了呢？或許我們就得長時間淪陷在機場裡，難以突圍而出了。

同樣的場景，在我們結束北京的行程後，再次重演。

大概是同一時間帶，準備飛離北京機場的航班太多了吧？我們拿著登機證與證件，辦理出境手續時，無法控制的人潮，再次將出境室打點成類似逃難的混亂局面。我跟在師父身後，蜂擁的人潮，竟然可以前後包夾，使我的兩腳浮起了地面。我用力推開要將師父擠出隊伍的粗暴旅人，替師父擋住人潮，只因人人自顧不暇，被我推開的人，也沒有心思回頭罵我。就這樣，我們總算又突圍而出，所幸鞋子沒被擠掉。等到我們四個都會集了，師父才苦笑道，大陸的人實在太多了，就連出國都像是逃難啊！

如此混亂的秩序，哪個航班要想準時起飛，也就是癡人說夢話。果不其然，我們遲到的飛機降落在香港赤臘角機場後，聖嚴師父與果元法師要轉機到高雄，參加一個為籌募建設法鼓山基金所舉辦的義賣會，我與攝影師阿良則是轉飛臺北。師父的航班起飛時間緊迫，地勤小姐在飛機門口守候著，一見到我們出現，立刻要求我們快跑，轉往另一個登機口，否則鐵定趕不上飛往高雄的飛機。師父沒有任何猶豫，立即拔起腳來就快跑，有如禪七時，帶領禪眾快步經行一樣，腳快心不亂，目標明確，沒有左顧右盼，更是維持著一定的高標速度。跟在師父背後的地勤小姐，一邊跑一邊訝異地跟我比起大拇指。老實說，我倒是很想責備她，明明知道飛機晚到，為何不先準備好電動車，載著師父快速移動，還要害了師父參賽馬拉松？

好不容易到了轉機的登機口，師父不停地喘著氣，胸口的僧袍也跟著氣息的鼓動起伏不定；我雙手合十，準備向師父告假了，正要進入機艙的師父忽然一個轉身，停下腳步，自手中夾在護照中的貴賓招待券交給我，囑咐我去休息室吃點東西、喝點飲料。已經是什麼時候了？師父居然還繫念著我、關照著我。我手中拿著招待券，心中對師父立時不捨起來，看著師父在地勤人員的帶領下，隱沒在機艙裡的身影，恨不得也跟著師父一起登機，同樣飛到高雄。

沒過一會兒，我已經安坐在貴賓室，眼前有碗拉麵、一盤三明治、一盤生菜沙拉與水果，還有一杯咖啡。我不能慶幸地說：「哎呀！飛機誤點真好，讓我有一堆可口的食物得以逍遙。」可是，還是非常慶幸，因為飛機誤點，讓我不僅有所體悟，也堅實地認知，此生跟隨聖嚴師父是我的大福報，也是先祖的庇蔭。我學會的「正面解讀，逆向思考」，就是此生安身立命的良方。如果牢記在心，時刻取出使用，必然得以逢凶化吉，就算碰到再嚴峻的考驗，也必定可以重報輕受地由墜落的高空軟著陸，頂多一瘸一拐而已，繼續朝向該去的目標堅定前行。

行過以後

聖嚴師父說過：「面對煩惱的處理，我的基本立場是『正面解讀，逆向思考』。正面解讀，就是遇到任何問題，不要一來就視為負面的阻力，而要看成是一種砥礪的助緣。逆向的思考，是遇到順心的事，不沾沾自喜、不得意忘形；遭逢挫折與不如意事，不氣餒，也不垂頭喪氣；只要觀念一轉變，就能柳暗花明。我談問題，大概都是從這個基本立場出發。」

我曾經被一位多年的好友誤解，對我怒言相向，我為此極度沮喪，心情非常低落。事情發生在職場上，一向與我非常友好，也會不時給我評言，助我前行的好友，忽然曲解我說的一段話，認為我有意與他作對，還故意消遣他，於是，也砲火全開的修理我，大有與我絕交的態勢。

雖然我再做解釋，對方都火藥味十足的繼續駁斥我，無奈之下，我只好閉口，也不再做任何回應。

有一天，忽然想到師父教導的「正面解讀，逆向思考」，就冷靜的開始爬梳整個事件的始末。我先行懺悔，懺悔自己沒有把話說清楚，才惹了好友嗔心大起，發了這麼大的脾氣。接著下來，我重新檢視自己，是否真的說錯什麼？做錯什麼？幾經檢討，好像沒有，那就心安了。繼之再替好友設想，或許是好友太忙、太急躁，沒有時間把我傳的訊息看完，就斷章取義，認定我刻意在找他麻煩，撩撥他耐心的極限。於是，我只有不動聲色，不再做任何申辯，讓好友多點時間冷靜下來，然後將每日讀誦〈大悲咒〉、《金剛經》的功德迴向給對方，祝福他的壓力不要太大，要顧好自己的情緒與健康。趁此機會，我也一再叮嚀自己，每天做日課，誦經拜佛，不僅是為自己積德蓄福，應該更要推己及人，造福他人，這才是一個佛弟子在修行路上，應該持有的心境與態度。

過了一段時日，好友或許重新讀懂了我的原意，不但主動與我溝通，向我道歉，還對我大吐苦水，訴說他在工作與家庭的不同領域，所陷入的種種困擾與紛亂。我與好友發生的這次摩擦，不但雨過天青，自此之後，好友對我也更是信任，不時噓寒問暖，外加年節的各種禮物……。因此，對於師父提示的「正面解讀，逆向思考」我也有了更為堅實的信心，將之視為師父贈送的錦囊妙計，隨身攜帶，就算日後碰到再棘手的問題，也都能坦然面對，恬然度日。

第17條

金剛怒目的慈悲心

小學五年級時，第一次捧讀《三國演義》，就被書中英雄好漢的酣暢血性與干雲義氣，感動到無以復加；並暗自祈禱，等我長大，也讓我能覓得可以結義的哥兒們。

每次進入寺院，見到泥塑伽藍護法神的怒目金剛相，也總是心生歡喜，不住地慶幸：世間的壞人，終有金剛菩薩得以對治；也一樣祈禱，等我長大，也可具有能力，修理惡人。

一般朋友都認為我的個性不錯，樂於助人，也一副好講話的模樣，應該是個「好好先生」才對，殊不知我有一道不算太安全的底線，如果觸碰跨越，我可是會原形畢露，氣從七竅出，變成不是巨人的「浩克」。（註：李安導演影片《綠巨人浩克》，改編自美國漫畫，一發怒就將身上的衣服撕成碎片，成了巨人）

不過，人在江湖中行走，難免會碰撞到一些不如己意，難以克服的問題。有時候，好言相向，極盡委屈，說不定都無法軟化對方不近情理的無理態度。此時，若是義正辭嚴地據理力爭，說不定能峰迴路轉，克服困境。

某次陪同聖嚴師父在北京參加活動，中間剛好有一空檔，我建議師父，是否能到天安門廣場走一圈？師父搖頭。我再進言，我們記錄的影片，屆時要在《不一樣的聲音》節目中播放，如果連天安門都沒有入鏡，觀眾如何知道我們去到了北京？

師父非常慈悲，立刻同意了。

當時，我們在北京的法源寺，師父剛好結束了一場公開演講，我隨即通知開車的司機，準備出門。當時所有的司機們，都在樹下乘涼聊天或是打盹。我們那部車的司機，大概想偷懶，一聽說要去天安門，千萬個不高興，但還是勉強發了車。等到快到天安門附近，他又開始耍賴，說是不知道去哪兒停車，也不知讓我們在哪兒下車。這一下，我不樂意了，我跟他說，他是職業司機，在天子腳底下跑車，怎會不知道在哪裡停車？就算是說謊也得打草稿。於是，我立刻拿起手機，打了電話給在故宮服務的朋友，友人教我，要繞道故宮的後門，他才好安排我們的車子停進去。

一聽到我跟朋友的對話，司機知道混不過去了，只好乖乖地立刻找到下車處，讓我們下車，並約好時間，就在下車處上車。

隨行的師兄姊們魚貫下車後，師父也跟著下來，看了我一眼，笑著說：「阿斗又生氣啦？」一口氣沒有責備，倒有幾分揶揄。我抓抓腦袋，當場只能傻笑。

又一次，我們在曼谷機場轉機要去歐洲。當時，師父的健康已經出現問題，必須隨身攜帶四個便當（長途跋涉的無奈作法）。師父的英文祕書常濟法師，必須跟著師父進入航空公司的貴賓休息室，才能為師父微波便當，避免讓師父吃生冷的食物。

貴賓室的值班小姐，不肯讓常濟法師進去，說是要請示上級。結果，師父與常濟法師站在門口好一會兒，值班小姐居然一直都沒有明確的答覆。不斷進出的旅客們，都以奇異的眼光打量我們師徒幾人，慢慢地，我失去了耐性。

我心想，泰國是個佛教國家，對出家人原本就該十分尊敬，櫃檯小姐怎可如此怠慢？於是，英文原本很破的我，以非常流暢的英文責問櫃檯小姐，為何對我的師父如此無理？只不過多一位法師臨時進去協助師父的飲食而已，真有如此困難嗎？櫃檯小姐回道，她找不到上司，所以無法處置。我再問，難道沒有任何變通的方法可以解決問題？她回道，需要付錢。我乾笑一聲：「要錢就早說，根本是小事啊！」再問她多少？她說是五十美金，我立刻自皮夾中取出五十美金，置於她面前，對著師父與常濟法師一揮手，請他們進去。

此刻，師父慢步走到我身邊，低著嗓音問我：「是五十？還是十五？」我一想也是，立刻反問櫃檯小姐。她回道是十五美金，我立馬朝她伸出手，要她找我三十五元美金。（英語的五十與十五，發音接近。）

我這一股作氣的詢問與爭取，居然把事情給辦妥了，見到師父與法師入內用餐後，竟有幾分得意，就帶著攝影師阿良另外去找餐廳，開心地伺候我們自己的五臟廟。

等到轉機的時間快到了，我與阿良又回到貴賓室門口，與師父和常濟法師會合。休息過的師父，精神恢復不少，笑咪咪地走了出來。走著走著，師父忽然側著臉，笑著跟我說：「阿斗！你好有錢啊！」我「啊」了一聲，臉上刷的一下漲紅了！師父又問：「如果真要五十美元，你會付嗎？」我不假思索地回答道：「當然付啊！出門在外，只要用錢能夠解決問題，當然就付了啊！」師父又笑了，只是不再說話。

我的英文還真是出糗，連五十與十五的發音都分不清楚，如果不是師父即時提醒了我，我還真成了冤大頭，平白損失了三十五元美金。

其實沒過多久，我們師徒一行又去了趟泰國。曼谷的朱拉隆功佛教大學校長親自護送師父到機場，也進入了該貴賓室休息。當時起碼有一、二十位僧人跟著校長來歡送師父，櫃檯小姐只是站著鞠躬，啥都沒有說。

僅是這個小故事，就可一窺師父行腳海外的辛勞，總會不時地出現一些大大小小的狀況來考驗我們師徒。好在師父的從容與自在，就是即時的現身說法，讓我這愚癡的弟子受用無窮。

另有一次，是在二〇〇二年十月，由聖嚴師父帶領五百位僧俗弟子，前往大陸的禪宗祖庭朝聖巡禮。

十月五日當天，我們前往湖南南嶽衡山山腳下郴州的祝聖寺（註：淨土宗的名剎，被尊為淨土宗第三代祖師的承遠法師，曾任祝聖寺方丈）。當天，郴州大雨，因山路不好走，我們的大巴要停在山下，眾人得轉乘近三十部的中巴，才能上山。

到了祝聖寺門口，我們在大雨中匆忙下車，雖然沒有幾步路，每個人的鞋襪卻都濕了。等到拜訪活動結束，我先衝到三門口，張羅師父的座車，但左顧右盼，就是不見師父座車的影子。眼見雨勢一點都沒有減緩的模樣，我又急又躁，就趕緊詢問旅行社的薛師姊，薛師姊已然氣到眼眶泛紅，指著立於一旁的當地一位副領導，鼻孔冒煙地說，問他！

原來此一副領導希望我們五百位團員都能沿著廟門外，順著剛剛落成的ㄇ字形商店街逛一逛，故意不准我們的座車進來。也就是說，我們必須冒著大雨，走到商店街外的停車場上車。此時，師父也走出來了。我與薛師姊向那副領導據理力爭，起碼要讓師父的座車進來啊。但那官僚無視已然站在門口，身弱多病的師父，還鐵硬著心，高揚著倨傲的下巴，硬是不肯鬆口。眼見僵局無法解開，師父說話了，師父說：「好，我們就走出去搭車吧！」於是，師父在左右兩位護法師兄撐著的大傘包夾下，頂著嘩啦乍響的雨聲，狼狽地穿梭在雨柱直落的石板路上，不但僧鞋立刻吸滿了滾動的雨水，就連僧服也被淋個落湯雞，全都濕了。我回頭怒視那副領導，他一副無所謂的表情，害我差點把牙根都咬斷。

那段路，還真是不短啊！我越走越火，好不容易走到上車的定點，師父上車時，還回頭對著兩位撐傘的護法師兄說：「啊呀！你們的身上也全淋濕了，下回都不要管我，一人撐一把傘就可以了。」正要上車的我，不用說，鞋襪與上衣、褲管全都濕透了，那種黏噠噠的不快感，彷彿火上加油，更是激發了肚裡怒火的升溫。恰好，由車窗看見薛師姊在大雨中仍與那副領導爭論著，我再也擋不住瞬間潰堤的火氣，一記回馬槍上手，立即快步趕過去，替薛師姊撐腰。我扯開了大嗓門，指著那副領導，憤恨難抑地吼著說：「這是哪門子待客之道？明明看到師父年紀大了，身體也不好，還硬要師父在大雨中淋雨趕路？如果師父因此病了，你能夠負責嗎？」那副領導原本倨傲的臉色，一下掛不住了，正想張口解釋，我哪能容得了他吭聲？立馬再加補上一槍：「小心我去國臺辦告你一狀，看你再張狂！」就撇下他，頭也不回的上了車。

一上車，眾位師兄急忙問我究竟出了什麼事？我只能悠悠回答道：「我剛才造了口業！」

我們一行五百人，全都潮濕著一身衣褲，趕到一所附近的餐廳集合，要及時解決中飯，才能火速下山，接續下面的行程。餐廳裡，看見領隊施師兄也安頓好師父，趕來吃飯。施師兄說，那副領導還真是立馬換了一張嘴臉，不但派了專車護送師父到附近的賓館休息，換掉濕透的僧服，自己還要專程趕到我們的餐廳，關懷我們的齋飯吃得可好。果不其然，供養完畢，才要舉起碗來，將飯菜送進嘴裡，那官僚居然也快步走了進來，狀甚親民又熱切地問候大家，飯菜可是可口？要多吃一點，不要客氣。我心想，我們都是付過人民幣，才吃得上這口飯，他倒好，揀個現成的主人，還來賣乖。好笑的是，那官僚不巧接觸到我依然怒視著他的眼神，硬是不敢走近我所在的這一桌。

事後，我自己也在懺悔，這回對外作狀發怒，會不會在外人面前損傷了法鼓山的清譽？但隨之又想，某些場合，總要有人扮演黑臉，才能讓尷尬的局面有所轉折。所以，我不扮黑臉，誰來扮呢？

船過，水雖是無痕，但一旦憶起，波紋的起伏推動，還是會在心頭搖曳漂蕩，激起一點水花。時至今日，幾度反省，自然也會在檢討後有所悔意。如果當年我大方一點，在北京塞給巴士司機一百元人民幣當小費，他會不樂意、不開心地載著我們去天安門嗎？在曼谷機場的貴賓室，如果我一開始就好聲好氣地請教櫃檯小姐，她是否就會及時告訴我，要多繳十五元美金，就能讓常濟法師進去，也就不會害了師父罰站老半天？郴州的小官僚亦然，如果我帶著笑臉跟他說，國臺辦裡我有好友，他是否就早早開了綠燈，讓師父的座車在三門前候著呢？

人說，生氣容易老，我不怕；又說，生氣傷心臟，這還真是現世報。果不其然，我的心血管阻塞，裝了好幾根支架，顯然就是老愛發火所攢下的後遺症。原來種什麼因，就會結什麼果，這因果關係真是環環相扣，半點不假，看來我這「怒目金剛」的角色不能再扮演下去了。依照醫護人員的分析，脾氣大，心火就大，五臟內腑都要受到影響；一個不小心，血壓飆高，心血管與腦血管病變，心肌梗塞與腦中風同時上門討債，這，豈不小命難保？

行過以後

師父說過：「所謂瞋，是個總名稱，它的內容包括不滿意、憤怒、怨恨、看不慣和不自在等內心的感受……慈悲心是愛護人、為人設想，但它也不一定是和顏悅色的，有時也有金剛怒目的慈悲心。金剛怒目和瞋恨不同，它是一種慈愛。以威嚴方式所展現的慈愛，就像是因為擔心你會掉到井裡，所以就吼你一下：『不可以到井邊玩！』這是警告，是出於慈愛的警示，和瞋恨不同。」

有一回，乘坐公車，剛好不是上下班的尖峰時刻，乘客並不多。一個大站，上來了一位穿著西裝褲與白襯衫的年輕人，狀似上班族，手中拿著一杯飲料，就坐在隔著走道，我的鄰座上。沒過幾站，他站起來，往前走，準備下車，我不經意的發現，他居然將喝完的飲料杯子刻意擺放在旁邊的座椅上；我及時大喊：「先生！你忘記東西了！」他愣了一下，無法抵賴，只好低著頭，火速走回原處，取走了被他惡意遺忘的垃圾。

那一剎那，我發現，我的心跳沒有加速，嘿！真好！沒生氣！我只是換個方式，教訓那年輕人沒有家教的自私習性而已。

師父曾不只一次告誡我，心直口快是兩面刃，會傷及對方，也會害到自己。我的修行程度還遠遠不及格，一時半晌肯定做不到「金剛怒目的慈悲心」，就算是心嚮往之吧，不妨把生活領域做為道場，只要時時提醒自己，處處叮嚀自己，假以時日後，應該會見到長進吧？

第18條
感恩的淚水

哭泣，與笑一樣，是人的本能。有人是為自己流淚，例如婚姻不幸福、學業成績不理想、健康出了問題等。有的人是為了他人流淚，譬如目睹重殘人士自食其力工作的身影，或是重大意外、流行疫病造成的生命損失等等。

人說：「男子有淚不輕彈，只因未到傷心處。」翻開史頁，會哭、愛哭的名人還真不少。三國時代的劉備是著名能哭、會哭的典範，不但哭出江山，也哭出盛名。後來才知道，曹操會哭，項羽一樣，就連李世民都會哭，看來，越是有心奪取天下的政治人物，越是會哭，將一個屬於他們的熱門時代，活生生地哭出熱鬧與喧騰。

暫且拋開歷史人物，依我看，太平盛世的小童子最是幸福。衣食無缺，寵愛加身，稍有不如意，淚閘一開，哭聲一炸，包準讓身旁的大人俯首臣服，要啥給啥，絕對不打任何折扣。我倒是最不吃這一套的，這是親情的要脅與勒索，豈能輕易上當？一個說不好，反倒養成那孩子日後取巧貪婪的惡質因子。

我最怕看到稍解世事，早慧靈巧的孩子流淚。他們不會哭天搶地，只是讓淚水啪嗒啪嗒的，由無辜的大眼裡，成顆成串的在小臉蛋魚貫而下。那種無聲的抗議與吶喊，針對的是被冤枉、遭到誤解、未被憐愛……，那種傷心悲戚，像是慟至胸口，無語探喉，還要硬往肚裡繞上好幾回。

一般戲劇與電影中，無論男女，只要眼眶一紅，嘴角一撇，說也奇怪，觀眾總是會全數買單，跟著掏出手帕，同掬一汪淚水。我讀書時，曾在電視臺打工，看見沒有本事的演員，一遇到哭戲，就預藏有綠油精、風油精、萬金油在手指，趁著導播沒給鏡頭前，偷偷抹上眼梢，等到戲份到他（她）臉上，恰恰好，淚腺開工了，流得像是自來水似的，嘩啦嘩啦，沒完沒了。

我的兒時教育，自然也是「男兒有淚不輕彈」，縱然遇到不公、頭破血流、遭到毒打，都得模仿鐵血戰士，威不能屈、武不能降的英雄氣概，硬是昂首天地，氣壯山河，一滴眼淚都不掉。

說也奇怪，自從皈依三寶，親近聖嚴師父後，我那鐵石心腸竟然在不知不覺中，軟化成繞指柔，甚或還被取了個外號：「法鼓山最愛流淚的男士」！這一時，我真不知如何辯解，只能默默承認。原來人終是會跟著年紀、環境等各種主客觀因素而有所改變。

跟隨聖嚴師父全球弘化行腳，前後十二年，對於我這難馴難服的浪蕩子來說，應該是關鍵性的一道分水嶺。就是因為近距離感受到聖嚴師父「盡形壽，獻生命」的悲心大願，我那堅硬的性格才被軟化，從而轉變了看人觀事的習性——相信佛陀的本懷是無私的奉獻與付出，是一汪平靜不起波濤的大海，是湖水邊上吹面不寒的楊柳風。

我曾經在好幾個場合，無論是個人表述或是主持分享會，只要一提及聖嚴師父為法忘軀的餐風露宿，甚至病了都在勉力度化眾生的行誼，都要哽咽流淚。有一回在馬來西亞，說著說著，一當雙眼正視到臺下聖嚴師父灼灼眼神時，我竟然在臺上完全崩潰，泣不成聲，把臺下的許多人都感染得淚眼汪汪，淚得如室外正落著的滂沱大雨。

原本以為聖嚴師父已是得道的高僧，世間的悲歡離合，或許已無法撼動他明鏡般的清澈心湖；流淚與動容，應該不會發生在師父的身上。但是我錯了，我親眼目睹師父多次為了感父母恩、師長恩、眾生恩，而低頭淚流過。

第一次在師父的著作《法源血源》，讀到師父流淚的自述，我有怦然心動的強烈感受。那是一九八八年的四月天，聖嚴師父自一九四九年來到臺灣後，第一次回到當年出家的江蘇狼山。到了狼山山頂，師父被帶到供有觀世音菩薩聖像的偏殿，看到供著的上中下三排黃色紙牌位，用不著陪同者的說明，師父立即老淚縱橫就地頂禮三拜。其中有三個牌位，是當年聖嚴師父十四歲出家的法聚庵師長：師祖貫通、師公朗慧及師父蓮塘。

也就在這次的行程中，師父也與俗家的親人，包括三位兄長都見到了面。師父在另一著作《聖嚴法師學思歷程》中提及：「以一個將近六十歲的老僧，卻在沿途，常常觸景傷情，流了許多的眼淚，有的是往內流，有的是往外流，有的地方還是欲哭無淚。」就在師父由兄長陪同，去到已故父母的墳上祭拜時，他並沒有撫著墓碑痛哭，而是對著在場一百多位親人與趕來看熱鬧的鄉親面前開示，感恩兄長在他離開大陸後，負起了奉養父母的責任；同時也鼓勵親人們開始學著念佛號，迴向給父母與祖上。

自從製作《點燈》節目，與師父結了善緣後，我便不定期地製作聖嚴師父的故事，尤其是中視的《不一樣的聲音》停播後，《點燈》更是一個重要的平臺。

一九九八年的五月，聖嚴師父與達賴喇嘛在紐約有一場世紀對談，當時造成很大的轟動，《點燈》節目也派出了浩大的外景隊跟隨記錄。趁著這一趟，《點燈》節目也特別安排了一個溫馨的場面，邀請師父前往紐約上州的莊嚴寺，與當年以無名氏名義捐贈護持金，義助聖嚴師父在日本完成博士學位的沈家楨老居士見面。

沈老居士對外從未承認他曾資助師父，就算《點燈》節目第一次採訪時，他也都推說記不得了。也因為沈老居士的謙沖為懷，師父從無機會當面向他致謝。就在《點燈》節目錄製兩人的對談時，主持人李文瑗一開口提及此一往事，沒想到聖嚴師父緊緊握著沈老居士的手，止不住地流淚，在場的人全都因此沉浸在動人心弦的氛圍中，陪著掉淚。

師父撫平激動的情緒後，慨然而說，他這一生遇到太多磨難，沈老居士對他的照拂，有如寒冬裡吹來的一陣春風，送給他莫大的溫暖與力量，極為難得。沈老居士也首次鬆口承認他的確做過這件事，但是他說，如果將那些錢買一件古董，只能放在屋裡一角，起不了任何作用；但是，幫助了一位優秀的僧才，就得以度化無數無窮的眾生。

《點燈》的外景隊回臺後，為了處理師父露出真性情的那一幕，還真是大費周章。好在節目企畫徐輔軍頗具慧根，他保留了師父啜泣的現場聲音，而將畫面定格在一尊觀世音菩薩的聖像上。如今，聖嚴師父與沈老居士雖然都已捨報往生，但是這場點燈人與被點燈人至情至性的面晤，成了恆久流傳的一段佳話。時隔二十餘年，還是有不少人跟我反映，說是恰好看到那段影片，也都感動到涕泗縱橫。

還有另一個場景，使我畢生難忘。那是二〇〇三年的十一月二十六日，紐約東初禪寺有一場感恩節聚會，我與攝影師阿良剛好都在現場。面對滿場的信眾，氣氛卻難得有點肅穆。師父開示時，才開口說了些話，忽然停了下來。站在大殿最後方的我，伴著攝影師，無法看得清楚前方的狀況，於是低聲詢問阿良，鏡頭裡的師父究竟出了什麼事？阿良細聲告訴我，師父在低頭拭淚。

原來，某些華人信眾抱怨，東初禪寺接引了東西方眾，但是出錢出力最多的都是華人，反而西方眾都有些被動。師父聽到這個聲音後，非常失望、難過。師父說，以前臺灣社會非常窮困，許多外國傳教士，帶著麵粉與各種物資，遠離家鄉，飄洋過海，無我無私地奉獻給臺灣；今日，西方社會的物資充沛，但最為欠缺的就是佛法，我們恰好擁有如此珍貴的寶藏，為何不能像西方傳教士當年到臺灣一樣，也將佛法的利益，無私地與西方眾分享呢？

師父的苦口婆心，讓現場無數的信眾淚眼婆娑。的確，許多支持佛教、讚歎佛法的西方人，並沒有足夠的經濟實力來護持道場，但是，他們協助師父將漢傳佛法傳播出去，這與財布施一樣可貴的法布施，都是了不得的功德，同樣都要給予讚歎與喝采。

如今回想到那一幕，更是心疼聖嚴師父的身心勞累。當時，臺灣在建設金山的法鼓山道場，紐約也在上州成立象岡道場禪修中心，而東初禪寺一樣需要資金維護；這麼多的人與事，所有的資金籌募、工程建設、法令條規……沒有一件事是省心的。加上信眾們因為一時的計較心所衍生的煩惱，樣樣都需要師父開導與處理。事實上，師父大可閉關休養，不理會大眾的習氣與煩惱，將所有的煩惱事項，都交給僧俗弟子處理。然而，師父總是忘卻自己的病痛與低落的體能，將一天當兩天用，終年不辭辛勞地奔波於東、西方兩地。如果不是恢宏的悲心大願支撐著，師父又該如何來完成如此艱鉅的如來大業？

師父在晚年時曾說：「我的法鼓山已經蓋好了，你們的法鼓山呢？」藉此砥礪弟子們精誠進修佛法的道業。而師父留下的遺言四句偈：「無事忙中老，空裡有哭笑，本來沒有我，生死皆可拋。」有如法鼓山除夕撞鐘的一〇八響鐘聲，聲聲繚繞在無垠虛空裡，記記銘響在眾生的心版上……。

「虛空有盡，我願無窮」，為了度化眾生、利益眾生，聖嚴師父的淚水，映照出他老人家的大悲心、大願力；一如法鼓山上，兩條淙淙奔流的溪水，日夜不息地灌輸進凡世塵間，時刻潤澤著山腳下千家萬戶的百姓人家。

聖嚴師父說過：「知恩報恩，是做人的基本；知恩不報恩，是忘恩負義；不知恩也不報恩，那就是禽獸不如了。」

「如何報恩？例如我自己，受到父母、師長及各方協助之處甚多，等到我有能力回報之時，父母、師長等恩人，多半已不在人間，只有盡我的能力，幫助更多的眾生，來表達對恩人的感恩。」

一九九六年，陪同師父輾轉於香港、菲律賓、波蘭、克羅埃西亞之後，又跟著師父回到紐約，由紐約回臺灣；此一行程，機票反倒便宜許多。

將近一個月的時日，沒有離開過師父，但終究要向師父道別。就在紐約的東初禪寺，師父聽說我來告假，專程從二樓的寮房下到一樓。師父的雙腳還停留在樓梯上，沒有落到一樓地面，我就迫不及待的跪地頂禮，向師父辭行。就在額頭點地的剎那，這一路，師父受到信眾愛戴、師父開示的神采，尤其是師父生病落難的模樣，像是流暢如實的鏡頭與照片，一幕幕、一張張，飛快地自我的眼前掠過，我忽然像是被點化了的頑石，捨不得師父，捨不得離開師父了。那個悲不自禁、淚眼朦朧的我，倒也沒有忘記自己的處境，我跟自己說，不能因為怕被師父發現流淚，就這樣一直趴在地上不動啊。

我不得不起身站立，師父當然發現我已哭得不成人形，有點詫異。我一個轉身，連跨出幾步，由知客處躲到一邊的禪堂，稍微整理好波動的情緒，再回到師父的面前。

師父跟我說：「阿斗啊，這一趟跟著我跑了這麼久這麼多的地方，你辛苦了。」師父不說話還好，這麼一記慰勉，我又承受不住，淚閥再次故障，自動開閘，我又淚流個不止。師父轉頭跟陪在一旁的果元法師說：「阿斗這次出門太久，捨不得回家了。」

此一離情依依的悲傷局面，最終還是要靠師父收拾殘局。我萬萬沒有想到，等到我終於抬頭的當下，師父忽然對我扮了一個愛哭鬼的鬼臉，我愣了一下，忍不住噗哧一聲，笑了！師父見我的情緒轉緩過來，就笑盈盈地說：「祝福你一路平安，我們就臺北見了。」我不斷地點著頭，也藉機不用直視師父的面容，否則如何打開東初禪寺的大門；而且，送機的朋友還在門外的車上候著。

闔上東初禪寺大門的當下，我跟自己說：「阿斗啊！阿斗！這一生，就算師父再罵再打，都趕不走我了。」

沒錯！那就是我感恩的淚水。

輯三

莊嚴佛事

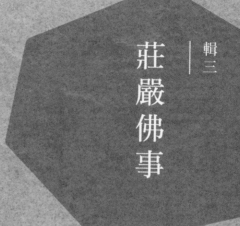

環保生命園區，通往永恆

從小，我們就畏懼、迴避死亡的話題，大人好像也差不了多少。相信不少人，也都發現我們社會過去的殯葬習俗，不僅繁瑣窒礙，甚至成為粗俗、迷信、喧騰、浮誇等的種種代名詞，不但引人側目，也缺乏了對逝者的肅穆悼意與真誠的追思。

死亡，不但成為人們忌諱的話題，許多家庭也因長輩生前沒有任何的交代與委託，使得子孫為了爭奪遺產，釀成鬩牆之爭、對簿公堂的悲劇；往往鑼鼓還在靈堂喧嚷乍響，子孫已在後屋箭弩拔張，甚至大打出手。

自從聖嚴師父在旅途中屢屢示現了老病的無常樣態，我也開始思考，如果自己與家人也遇到相同的問題，又該如何面對？

很快地，學習的機會來了。

一九九七年三月七日深夜的十一點左右，建於隋朝大業七年的濟南市神通寺四門塔，塔內中心柱四面的四尊石雕佛像，面向東方的「阿閦佛」佛首被四位盜賣者砍下。事發後，引起大陸社會極大的震撼，當時據說賣了六萬人民幣。（註：四門塔佛，西面是極樂世界無量壽佛，南面是歡喜世界寶生佛，北面是蓮花莊嚴世界妙聲佛）

被盜賣前，據說阿閦佛首的頸部已有切痕，大概出手的盜賣者尚未具有成熟的手法。無奈管理寺廟的單位太過大意，沒放在心上，最終還是被盜走。

據佛經記載，阿閦佛曾發過「不起瞋恚」（不生氣）的願，願不傷害任何眾生，更強調男女平等。

被盜的阿閦佛首輾轉流浪到海外，恰好被聖嚴師父的一位弟子收購。二〇〇二年，法鼓山正在興建，這位弟子聽說法鼓山將來可能會設有一美術館，便立刻向聖嚴師父稟報，願將此一石雕佛首捐贈法鼓山。

聖嚴師父果然是明白人，當下認為這或許是從大陸寺院盜取出來的，就立刻交代專家學者探尋此一佛首的出處。很快地便有了答案，由山東寄來的諸多資料顯示，就是失竊五年有餘的古石雕阿閦佛首。

師父立刻指示，佛首由何處來，就應該回到原處。法鼓山也立即得到政府單位的同意，批准此一佛首「流轉．聚首」的歸還計畫。在此之前，也在臺北的國父紀念館，舉辦有「流轉．聚首」的公開展覽，讓臺灣的民眾分享到阿閦佛首遭難被盜、流離海外的過程，以及佛首的慈悲神采。

我非常有幸，也廁身於護送佛首歸還的隊伍中。

二〇〇二年的十二月十七日，由聖嚴師父帶領的佛首回家之路正式啟程。聖嚴師父非常辛苦，專程由紐約搭機返臺，然後轉赴大陸；圓滿此一行程後，又隨即於桃園機場轉機，立刻飛往紐約。

為了安全護送佛首，首先便否決了托運計畫，改由四位法鼓山居士共同護持木箱上下機。由臺北飛往香港的旅程，華航拆掉了兩個商務艙的座椅；香港飛濟南的東方航空，則拆掉了三個座椅，供奉佛首入座。

誰都沒有料想到，飛機平安抵達濟南機場後，卻在機場的貴賓室造成媒體的轟然大亂。或許阿閦佛回家的新聞，受到大陸高層的高度關注，包括中央電視臺在內的媒體，都採取緊迫盯人的路線。原本計畫中，在濟南機場的貴賓室，有一個法鼓山與濟南有關單位的交接儀式，表示阿閦佛的確已回到濟南了；但是，濟南的接待單位或許缺乏面對洪水猛獸似的媒體經驗，在媒體爭先恐後的失態大亂後，竟然束手無策。

所有的媒體不顧秩序地湧向前方，接待單位又輕率地打開木箱，讓阿閦佛首現身，媒體這下真成了嗜血的猛獸，猛然撲向佛首，為了爭取拍攝位置，還有媒體當場大打出手。原本坐在臺前，準備交接儀式的聖嚴師父，被狂亂的媒體往後推擠，幾乎要跌落在地。我們一看情況不妙，只好立即轉客為主地站出來，拜託媒體遵守秩序。我又是大聲公，當然也義不容辭地大聲呼叫媒體安定下來。好不容易，接待單位如大夢初醒般，派出了幾個大漢，制止了媒體的爭亂互鬥，混亂的局面才漸次安息下來。事後發現，我倒成了受害者，攝影師阿良反映，我們攝影機的護鏡被擠丟，就算事後翻遍桌椅，也還是遍尋不著。

我們在山東濟南的一舉一動，透過中央電視臺的報導，許多大陸人民都看到了。遠在南京、北京、天津、上海、寧波的親戚好友們紛紛與我聯絡，興奮地讚揚聖嚴師父太有格局、無私且智慧，親自護送佛寶歸返四門塔，而非據為己有。

接下來，已然累壞的聖嚴師父還是無法休息，大陸佛協與宗教局高層都在北京等候聖嚴師父的到訪，當時的宗教局局長葉小文也臨時修改行程，提前由泰國趕回北京。於是，我們師徒一行搭了大巴士，兼程好幾個小時，由濟南趕赴北京。

二十日中午，完成北京的拜會，我們又冒著北京的大雪，腳不沾地的趕回濟南。六小時的長途跋涉後，才安然返回濟南，即時參加山東省副省長設下的晚宴。

二十一日，是我們此行的重頭戲，阿閦佛重新矗立在四門塔的開光儀式就要展開。當天上午，神通寺的上空烏雲密布，氣象預報是雨雪、強風的酷寒天氣。神通寺的四門塔建在山谷之間，恰好是凜冽寒風的必經之路，我們都做好心理準備，密實地完成保暖穿著，決心抵禦寒天的考驗。然而誰都沒想到，整個開光典禮上，不但不見雪雨，沒有強風，就在儀式進行中，一道霞光萬道的光束，竟破開厚重的烏雲，直接照射在四門塔的周邊，令在場所有的人都忍不住地仰望天際，讚歎這不可思議的異象奇景發生。

此行讓我真正受到震撼的，是另一天所發生的事。

山東省將師父一行尊為貴賓，恨不得帶領我們將山東的名山古剎都遊上一遍，事實上當然是不可能的，因此，師父只勉為其難地同意，前往山東常清縣的靈巖寺走一趟。

靈巖寺，被喻為大陸四大名剎之一，其他三處是浙江天台的國清寺、湖北江陵的玉泉寺、南京的棲霞寺。靈巖寺始建於東晉，北魏孝明帝（西元五二〇年）重建，至唐朝時達到鼎盛巔峰。據說玄奘大師曾在寺內翻譯經文，唐高宗以後，歷代皇帝到泰山封禪，也必然要到靈巖寺參拜。

靈巖寺內有許多著名古蹟，僅是寺內四十羅漢的泥塑，就有三十二座製作於宋代，八座作於明代。墓塔林是唐代以來，埋葬歷代靈巖寺住持、高僧的地方，塔林中有墓塔一百六十七座，墓誌銘與石碑有八十一幢。

塔林廣建在寺內一大片廣袤的山坡地，舉目所見，全都是墓塔、石碑、石刻的墓誌銘。我邊走，心中邊起感嘆，大陸的歷史悠久，僅是眼前的墓林，就足以顯示出歷史與人文的厚度、深度與廣度，豈是身邊一些短視的井底之蛙所能想像？

我們師徒一行在塔林內走著走著，聖嚴師父忽然站定，回過頭，對著身邊並行的僧俗弟子們說道：「我死後，你們誰敢幫我立碑建塔，你們試試看！」瞬間，周遭寂靜一片，只有間歇的鳥鳴聲傳來，大家就連呼吸聲都憋住了。師父說完後，又若無其事地往前走去，我們才如大夢初醒般趕緊跟上。當時，大陸佛協的人員與靈巖寺的代表都在，我很好奇，他們聽到師父此一囑咐，會有什麼念頭升起？

臨走要告辭時，師父應了靈巖寺住持覺印法師之請，寫下了墨寶四個大字：「正法永住」。

八年之後，聖嚴師父捨報。

師父在靈巖寺的塔林中，石破天驚的那句交代，後人當然沒有一個敢逾越分寸。

師父生前大聲疾呼法鼓山人間淨土的理念，以「心靈環保」、「禮儀環保」、「生活環保」、「自然環保」這四種環保，來建設此刻與未來的家園；其中的禮儀環保，也含括了匡正喪葬的舊有習俗在內。

師父晚年指示僧團將法鼓山上的一塊地捐給新北市政府，做為「環保生命園區」所用。爾後，師父以身作則，囑咐後人將其身後骨灰，分成數袋，沒有標示（墓碑）的分植於黃土管洞之中，也不能有任何類似花草，具有紀念意義的標記物標示，目的就是希望大眾得以學習不執著的精神，以生命實踐徹底的環保。後代的人如果想念先人，可在生命園區默禱繞行，或於心中念佛迴向即可。（每隔一段時日，分成數塊的土地還會翻整，讓後來者也得以順利地「植存」其中）

受到聖嚴師父的身教與言教影響，我身邊已有許多親友、認識與不認識的師兄姊、不同宗教的有緣人，都希望自己的身後事，能以最簡約環保的方式如此處理。

環保生命園區，是通往永恆生命的一方淨土。圓滿這一期生命功課的人們，再也沒有任何牽掛、任何羈絆，就在生者的無盡祝福中，開啟、步上下一段生命的新旅程。

聖嚴師父說過：「我不求死，不等死，也不怕死，我的心情很少受到波動。……我死後，不需鋪張的追思與傳供，不需布置得富麗堂皇的靈堂。我已預立遺囑，身後既不設牌位、不立碑、不築墳，也不建塔。我沒有個人財產，即使著作權也屬於僧團。我的身體，用薄薄的棺木封釘，火化之後，也不必有一個骨灰罈來占地方，骨灰就灑在法鼓山的生命園區。所有我有形的一切，就在這世上永遠消失。」

「我是跟三世一切佛同一個生命、同一個身體、同一個國土、同一個世界，夫復何求？現世的我，個體很渺小，一生的時間很有限，能夠幫助人的力量也很有限；而死亡之後的生命，則不僅是在臺灣，不僅是在這個地球、宇宙，而是進入了無限的時空之中。在無限的時空之中，什麼時候需要我出使命，我便赴任！在無限時空之中的無限眾生，哪裡需要幫忙，哪裡需要度化，哪個地方的緣成熟了，我就去！」

曾有昔日報社的同僚找我敘舊，才一坐下，就迫不急待地詢問我：他已煩惱很久，如果某日離世，應該如何交代兒女，才能如願地被送往法鼓山上的環保生命園區？我告訴他，師父早已交代過，不分宗教，不分種族，只要任何贊同法鼓山環保理念的有緣人，都可在百年後，於新北市政府的窗口登記，絕對可以隨心滿願的進入生命園區。他睜大了眼，不可置信地說，真有如此簡單？我說，當然！簡單就是環保的至高理想之一啊！

我那已故的老父生前交代後事時說：「要去法鼓山上的生命園區。」年近九十高齡的老母親也在某次對話時跟我說：「等到那一天，我也要去生命園區報到。」同樣的，我與另一半同修菩薩也早早彼此約定，等到這一期的生命一結束，無需任何祭奠儀式，火化後，隨即排隊等候，歸去「生命園區」，無憂無慮，沒有罣礙地迎接下一趟新生命的召喚。

因此，每回回到法鼓山上，我總要在禮佛後，步下禪堂邊上的步道，先是在露天的藥師佛像前跪地三拜，然後默念著〈大悲咒〉，以慢步經行的步調與速度，穿梭過樹木扶疏的石板道，去到生命園區。在園區環繞三圈時，許多在此植存的師兄姊面容，一張張的浮現在眼前，當然，也包括了聖嚴師父的慈容。

第20條

遇見老、體驗老

醫療的進步，延展了人類的壽命，只是，無論活到九十或是百歲，老，還是時時跟隨在我們的腳後跟，寸步不落，須臾不離。

聖嚴師父初建法鼓山時已經六十歲，在我當時的眼裡，師父的年歲雖然不小，但是精神抖擻，兩眼炯炯有神；所謂的老當益壯，不就是形容師父的嗎？

一九九五年起跟隨師父，開始記錄師父海外行腳，那年我四十歲出頭。彼時，老，對我而言，就像是聖母峰，遠在天邊，干我底事？只不過，行行復行行，年年復年年，遲鈍的我，漸漸在師父身上，看到了老、病的步步進逼，就像是籃球場上對手的貼身防守，想方設法地阻斷前行者的去路，就是要讓對方斷然出局。

一九九六年四月底，由聖嚴師父帶領的「法鼓山大陸佛教聖蹟巡禮團」的三百人隊伍，我因忝為攝影小組的一員而得以隨行，不用抽籤，這也是我莫大的福報。

前後兩週的旅途，聖嚴師父臨行前再三告誡，我們這支由法鼓山僧俗四眾組成的佛教聖蹟巡禮團，絕對不是旅行團，須視這兩個禮拜為兩個禪七，一定要沿途攝心，切身體會古代高僧大德求法、弘法的慈悲胸懷。事實上，我們這三百人，沿途的確遭到大陸人士的側目與讚歎，包括隨行的大陸佛協人員、大巴司機在內，都非常驚訝於團員們的安靜有序，就算臨時停車使用路邊的公廁，也是井然有序的排隊，沒有爭先恐後，沒有大聲喧嘩。附近的居民紛紛跑來張望，嗟呼評論的聲音反倒喧囂地將公廁外圍當成了菜市場。

當時六十歲出頭的聖嚴師父，體力與精神非常好。記得我們前往安徽的地藏王菩薩道場九華山朝山，由踏出的第一步起始，沿途都是疊疊重重的石階石梯，每每轉過一個彎道後，又是一道宛延曲折的山路，如曲弓貼地的巨龍，長到沒有盡頭。自以為年輕的我，往往要在每個轉折點，做上好幾個深呼吸後，才能鼓起勇氣，繼續往上攀爬。漸漸的，許多隨行的團員因為體力不濟，不得不坐上當地人士扛著的轎子，才能持續上行。當他們的轎子超越過聖嚴師父時，轎子上的人往往以雙手遮面，不好意思直視認真努力行走著的師父。有人擔心聖嚴師父無法承受如此吃重的腳程，徵詢師父意見，想為師父僱用一枱轎子。師父笑著揮手回絕，繼續堅定地踏出步伐。於是，我開始關注師父呼吸之間的調息，以及舉步前跨的快慢頻率。

我發現師父每跨出一步，都非常堅實牢靠，等到前腳腳跟著地後，後腳的腳尖才跟著抬起，正如師父教導我們的慢步經行，不會一蹴而就，蹣跚不定，絕對是步步為營，不貪快，不躁進。與我的沉重凌亂腳步相反，師父的腳步輕盈又自在，真像是練過輕功似的。師父每走到無數個臺階後的一面較寬的平臺，就會停下腳步，回頭關懷後面的團員們是否能跟上？我恰好發現，師父是藉由此一關懷時刻，如禪坐的調息，心中清清楚楚，沒有雜念；一呼一吸之間，和緩平順，僧袍前的胸口不見任何起伏，如履平地。就算臨時有話要叮嚀，師父說話時依然丹田有力，無需使用備用的行動擴音機。我頓時心生歡喜，立馬決定，我也要跟著學上這一招，這可是禪修的絕活啊！

誰都沒有想到，時隔六年而已，老，竟然也在聖嚴師父的身上赫然顯現。

二〇〇二年的十月初旬，聖嚴師父再次親自帶隊，組成陣容空前的五百位團員，進行大陸佛教古蹟巡禮。這一趟，超越了六年前的三百人，肯定是上一回有太多人失諸交臂，沒有抽到籤，是故要求一定要增添名額才行。所有的籌備工作，都要提前兩年就開始規畫踩線，負責人員全都需要先行試走一遍。僅是由桃園機場出發，團員們就須分別搭乘四班飛機，飛往廣州集結。兩週下來，沿途投宿的飯店，進食的素食餐廳，必須是足夠容納五百位僧俗大眾不說，每天更是要分別搭乘二十部大型遊覽車，沿途的食衣住行，每個環節都需要周全且縝密的安排。因為路程迢遙，每天經常要拉車近十個小時以上，籌畫小組還特別製作了臨時廁所，放置在遊覽車最後面的位置，並言明，希望大家管理好自己的健康，車上的廁所只能提供小號使用。

聖嚴師父當然是最為勞累的大家長，為了不讓同行團員心生煩惱，他老人家每天換乘一輛大巴士，以示公平。每輛車都設有固定的法師與車長，除了每日按時在車上做早、晚課，還有誦經念佛的日課，學佛求法的心得分享等諸多活動，為的就是要顧及團員們不致於因旅程過長而流之於浮躁、懈怠。

這一路，我們一共參訪了二十六座名山古剎（後來臨時刪去了路況不好的五祖寺），很多古剎藏在深山谷壑裡，我們不但不時需要由大巴轉成中巴，還得步行登上宛延的羊腸小道，行入深山。進得古寺後，所有的團員必須儘速集合在廣場上，而每一座古廟迎接聖嚴師父的儀軌，都非常莊嚴、隆重，絲毫沒有怠慢。往往是住持歡迎致詞，師父也要回應答禮，並交換紀念品。在古廟裡過堂吃飯，又是一個龐大驚人的工程，數十個桌子，順次排列在寺院的走廊、簷道下，光是上菜、上飯，都要有當地百位以上的義工來支援。包括師父與幕後規畫的師兄姊們，為了沿途參訪禪宗寺院的路線設計、食宿安排，必然要克服無數困難與障礙，才能圓滿。難怪我們的車輛經常會駛上尚未完工的高速公路等交通要道，如果沒有當地的警車前導，這二十輛旅行大巴，如何能夠平安順利的在預定的時間裡，抵達每一個聖蹟古寺？

十月十二日的行程，雖然接近尾聲，但也是最為繁複緊張的一天。雖然臨時取消了路況不佳的五祖寺，但是當天上午要前往四祖寺（正覺禪寺），下午回頭趕至三祖寺（乾元禪寺）後，我們這五百人還得再趕到合肥機場，分別搭乘三架飛機，飛往福州，繼續完成此行預定的最後行程。

偏偏當天在四祖寺多耽誤了些時間，等到五百人大軍趕至三祖乾元寺時，已經晚了些，領隊施建昌師兄焦急地叮囑我，一定要我協助並沿途提醒大眾，千萬不可拖延，慢了腳步，以免影響了後面的搭機時間。於是，我再次一馬當先地衝在最前端。

一進三門，就是臺階。原來三祖寺依山而建，臺階之外仍是臺階。我喘著氣、流著汗，衝到大殿，才想緩口氣，卻自迎接的僧人口中得知，所有的歡迎儀軌設在更高的山頂廣場，我們還需繼續上爬才行。

我急著回頭去說給施師兄知道，施師兄已是急得滿面通紅，他說，百密一疏，應該先行安排一輛小車，將師父載到山頂上才對。

果然，體力已大不如前的聖嚴師父，不但胸口急遽起伏，不停地著喘氣，臉色也隨著刷白，狀甚辛苦。三祖寺兩位沿途陪同的年輕僧人見狀，立刻左右各一，夾著師父的胳臂，奮力地舉步，賣力地往上前行，師父的雙腳往往都來不及觸碰到地面，更遑論是暫時停下休息。

我不忍再目睹師父辛苦的模樣，低著頭、咬著牙，腳程加快，繼續往前、往上衝，口裡只有不停地念著佛號，希望腳下的臺階趕緊到底，不要再無止境的往上延長。

胸口鬱積的熱氣與喘息幾乎要炸開來的一刻，終於衝到了山頂；我沒有客氣，火速自一旁守候著的法師手中，拿到一瓶清涼的飲用水，一口沒停，全都喝進肚裡。水一喝完，眼前冒出一連串的金星，差點沒有一跤跌坐在地上。等到氣終於緩過來，才一回頭，發現那兩位年輕法師，不知自何處找到一張竹椅子，讓師父坐在椅子上，他倆兩手搭在竹椅兩側，硬是將師父給抬上了山。

我的太陽穴轟然一聲，發出巨響，如堅強牢固的壩堤瞬間崩垮，眼淚隨著破解壩提的石塊，推擠著彼此，無力攔阻的奔騰而下。那一幕，對我的衝擊太大！在我原先愚癡的腦袋裡，一直深信不疑，聖嚴師父雖然年紀有點大了，但絕對具有過人之處，哪怕是一點小毛病，沾染上任何病痛，都可吉人天相，順利地迎刃而解；我們的師父是不會真的病、真的弱、真的老的……。

沒錯！我就是存心逃避，始終不去面對，不去思量；原來師父也是人，也會示現皮相的衰老。

被攙扶著下了竹椅後，師父被帶至洗手間。魚貫而上的五百位僧俗團員們，雖然每個人都氣喘吁吁，面色如土地說不出話來，但還是火速排列成行成隊，面對著早已等候多時，上百位三祖寺佛學院的學子們。

師父自洗手間出來後，有人詢問師父，是否要坐一下，喝點水，把氣平整，好好休息片刻。師父搖了搖頭，說是已經讓學子們久候多時，而且搭乘飛機的時間不容延誤，他立刻就站了起來，前往廣場開示。

面對著廣場上的佛弟子們，師父一張口，聲音真的是喑啞虛弱。透過了麥克風，師父先向久候的學子們致歉，說是晚到了；然後，師父勉勵大家，期望在場的僧才，都能立下大志，勤學精進，日後成為如來家業的棟梁，一定要在大陸振興佛教，繼承漢傳佛教的濟世大業。然後，師父再次道歉，說明我們要趕赴機場，無法有多餘的時間與大家相聚。

前後兩次，跟隨師父在大陸的佛教祖庭參訪，只要是有佛學院的學僧要求開示，師父必然十分歡喜，總是有求必應。彼時，大陸也才開放不久，佛學院的僧才教育，都在援用聖嚴師父的著作做為教材，例如《學佛群疑》、《戒律學綱要》等等。這些學僧見到師父也分外興奮，原來憧憬、心儀已久的大師，竟出現在眼前。

我們這五百位僧俗團員，在極短的時間內，又火速登上巴士，只能在車內向著廣場上百位的學子們揮手道別。這時，我才發現，火熱的太陽，依然不懈怠的照射在塵世間；那些剃髮圓頂的學子們，為了等候我們，不知已在廣場曝曬了多久？

黑夜的合肥機場候機室裡，燈光昏暗，就算已經累到癱坐於椅子上，師父依然不得休息，必須不斷地接見前來送行的各界人士。等到上了飛機，我已然顧不了師父，整個身體輕若棉絮，只能填進座位裡，就連便當都沒有力氣打開，飛機尚未起飛，便已沉沉睡去。

等到我們第一班飛機著陸福州後，也才得知第二班飛機起飛後故障，又折回合肥機場，而第三班飛機也推遲起飛。

兩週下來，我們這五百大軍，沿途穿越了好幾個省分，拉車超過千里，許多道路不通，有時大雨傾盆，可是，直到最後平安回到臺灣，居然沒有發生任何的意外，人人都圓滿了這次豐富厚實的行程。師父說，如果不是佛菩薩保佑，還真是找不出更好的理由。

當然，聖嚴師父忘記色身的衰老病痛，以身作則的親自帶隊，沿途以身教言教，培養弟子的悲願與慈心，更是深深植入每個人的心中。時隔二十年後，仍然有許多臺灣與世界各地的信眾們，重新蹈入師父走過的行腳，由南到北、自東向西，巡禮於高僧大德與祖師們開闢、走過的點點足跡；而那裡，自然也封印有師父所留下的各種談話、行誼以及親題的墨寶。

行過以後

聖嚴師父說過：「一般人也以為，出生以後，應該是先生病，生了病以後才會老。其實，並不是非得等到鬢髮花白才叫作老，『老』是一種時間的累積，從出生開始，就已經注定要死亡，在死亡以前的整個生命就是老化的過程。所以我們從出生開始，就一天一天地變老，就像佛經裡所說的『是日已過，命亦隨滅』一樣，老化就是一種無常。」

「因此，我們要不斷地警惕自己隨時隨地都處在老化的過程中，並且要好好利用生命中的每一分、每一秒。如此一來，雖然還是在生死大海裡不斷地老化，但至少能在短暫的生命中，淬鍊出更深刻的意義，活得更有價值。」

師父示現了衰老的無常，亦即生命週期的退潮面向，我雖然有所憬悟，但還是缺乏深刻的實感，以加快腳步，努力精進。如今，師父圓寂已超過十年，我才愕然發現，我那臭皮囊裡的零件，鬆的鬆、銹的銹，而七十大關矗在眼前的今日，健步尚可如飛的我，何時會見蹣跚？何時會見糊塗？或許是明年，或許是明天！看來，往後的我，一定得好好地遇見老、體驗老才好。

不再自己嚇自己

我從小就喜歡在大人堆裡鑽進鑽出，尤其是聽聞與神鬼有關的故事。大人總是說，平日不做虧心事，半夜敲門心不驚。不過，我早就發現，大人也一樣怕鬼，膽子沒比我們小鬼頭大多少。

慢慢長大後，接觸的人多了，吃過的苦頭累積了，偶爾遭到天外飛來的橫禍，被人暗算，才終究體會出，一個不當心，大白天裡，還真有可能遇到了鬼。

每回跟著師父全球走透透，我總是昂頭挺胸，不帶一絲不安與忌諱，心想，跟在師父身側，等於是有佛菩薩隨行，沒什麼好怕、好擔心的。沒想到我還真的被「魔」迷離、被「鬼」圍困了，就是那趟俄羅斯之行。

二〇〇三年的春天，SARS（嚴重急性呼吸道症候群）來襲，舉世都籠罩在巨大的恐懼氛圍中。不過，與這次的COVID-19（新冠肺炎疫情）不同，人們當時還是可以全球走透透，無需「井水不犯河水」的彼此隔離。當年我先是飛往西雅圖，借宿法鼓山同門王崇忠、陳瑞娟伉儷的家裡，再飛往紐約與師父會合，同機前往俄羅斯的首都莫斯科。

只不過，剛到西雅圖的第二天，我就發現喉嚨隱隱作痛，當下有被嚇到，暗罵一聲「有鬼了」！難道真是倒楣到了家，被SARS病毒給盯上了？我嚇得拚命喝水，狂吞維他命C不說，又奔到佛堂裡，祈求佛菩薩護佑，千萬不能見死不救！當晚，時差加上害怕，真的無法入睡，在床上輾轉困頓、長吁短嘆，只好不斷默念佛號，讓害怕染煞的「心鬼」快快離我而去。

迷迷糊糊地翻滾一夜，終於等到天亮，才一下床，就發現喉嚨不痛了，當下開心地差點沒有大聲吼叫。於是趕緊前往佛堂，向佛菩薩感恩頂禮。而後，衝到廚房，瑞娟已煮好一大壺香噴噴的熱咖啡，還在烤麵包、煎蛋，這頓早飯，吃得可真是酣暢淋漓！

轉抵紐約後，當然要先行前往東初禪寺向聖嚴師父報到。我在地下室齋堂與師父的侍者果耀法師核對師父的飲食菜單，此行我另有任務，要為師父烹煮三餐，當然就得了解哪些食材是師父可以吃，哪些是師父的腸胃無法負擔的。正當此時，師父下樓用藥石

（晚餐），一看到我，就問我跑哪裡去了？為何不住寺院？我回，住朋友家，方便「自我隔離」啊！師父搖搖頭，沒有吭聲。見到師父的表情，我心虛了，因為我的心中又有鬼，我故意躲在紐約朋友家，貪圖自在的暢快，卻偏偏躲不過師父的法眼。

師父一回頭，忽然遞了兩塊桌上的蛋糕給我，我一愣，幾乎無法置信，難道師父知道當天剛好是我陰曆五十歲的生日？然後才得知，我又在自作多情了，寺院當天剛好舉辦了浴佛節活動，蛋糕是義工菩薩們自己做的。

五月五日，我與攝影師阿良，跟隨著師父與果元法師，由紐約甘迺迪機場直飛莫斯科。師父此行有兩個任務，一是出席世界宗教領袖理事會議，一是在當地帶領禪七。入境莫斯科的手續比想像中順利，隨後我們就被禪修的主辦人員帶進一所韓國寺院（一間普通的公寓）「閉關」。原來，俄羅斯的國境也在提防我們是否會攜帶SARS的病毒入境，要我們先行隔離數日。主辦人亞歷山大再三交代，臨時戶口還沒拿到之前，千萬不能出門，萬一被警察臨檢到，就要惹上大麻煩了。師父倒是很高興地說：「那很好，不能出門，我們就在公寓裡換時差，好好休息！」

彼時，莫斯科害怕SARS入侵是一回事，我們聽到的八卦又是另一回事。亞歷山大說，有觀光客在紅場拍照，使用的是新型相機，結果被紅場的警察勒索了八百美元拍攝費用，才沒有沒收相機。我的心裡有點發毛，原來這國家還真是無法讓人心安。

過了兩天，臨時戶口下來了，吃完晚飯，師父宣布要帶領我們外出走走（也是為了《不一樣的聲音》節目的需要），我立刻開心地想要穿鞋衝出去，差點忘了還得清洗使用過的廚具。一路，車上的我，貪看暮色中莫斯科的街景，由香菇型的俄國寺廟原型，聯想到幼年受到的「反共抗俄」教育，今日居然就踏上了昔日敵人俄國的土地。到了紅場，已過了開放參觀時間，訪客不得進入，只能在外圍遛遛。我卻開始全身緊繃，深怕擦身而過的人，就是便衣警察，萬一看到攝影師阿良手上新型的攝影機，也來個獅子大開口，那豈不要人老命？

五月八日，師父以世界宗教領袖理事會主席的身分，在莫斯科的舊蘇聯貿易部會議廳，與莫斯科當地多位宗教領袖舉行了一場座談會。之後即轉往兩個小時車程外的VYSOKOYE飯店，主持一場禪七。

車子往莫斯科的郊外開得十分順暢，沒有任何交通阻塞，就抵達了鄉下一棟不像飯店的飯店。我一下車，不禁倒抽了口冷氣。眼前的建築物已明顯老化，就連肉眼都看得出牆面磚塊之間的空缺隙縫，以及外表年久失修，沒有保養的龍鍾老態。才進得大門，更是觸目驚心，樓梯的水泥臺階與內牆，都已風化剝落，缺角的、粉粒狀的、發霉的、冒著鮮苔的……，真是一派落魄，渺無人氣，分明就是電影裡現成的鬼屋。

等到進入房間更是嚇人，不僅小到兩人無法同時站立，對放的兩張小床，還真是窄到一翻身就有落地的危險。洗手間裡，蓮蓬頭在滴水，馬桶蓋與馬桶分家，若要沖水，還得伸手到蓄水槽裡按板手。馬桶與地上，全是鏽紅色與黑色的斑斑塊壘，原本應該是白色的牆，也被紅鏽鐫刻上奇特且大小不一的類拼圖，仔細一看，有一側居然像是一張扭曲的人臉。與我同房的攝影師阿良，立刻搖頭如打擺子，非常堅定地跟我說，往後的幾天，他絕對不要洗澡。

這一嚇，非同小可。我趕緊衝到師父的房間張望，這才發現，師父的房間也好不到哪裡，頂多稍微大了一點罷了！我苦著臉跟師父抱怨道，怎麼會來這種像是鬼屋的鬼地方帶禪七呢？師父安慰我道：「到哪裡修行都是一樣的，無論是五星級的飯店，或是很糟的環境，都一樣，無需分別。」我只好勉強點點頭，不敢再胡亂說話。

隨後，我不經意聽到果元法師跟師父說，此處雖名之為旅館，卻是早在一九六八到一九六九年間就興建了，原屬於KGB（前蘇聯國家安全委員會），蘇聯瓦解後，才改為工會的招待所。回到房間後，我跟阿良說，搞不好此處就是曾經嚴刑拷打政治犯的拘留所，只要是與KGB有關，絕對沒有好事。我再跟阿良分析，或許這建築裡害死過不少冤魂，否則為何戶外豔陽高照，只要一走進飯店，就陰氣襲人？結果，不但阿良被我嚇著了，我自己也七上八下的眼皮直跳。每晚，我倆不敢關燈睡覺不說，阿良從頭到尾都以毛毯包住腦袋，也不怕悶壞了。

那幾天，我非常忙碌，為了幫師父料理三餐，還需與廚房裡幾位噸位超大的大娘們搏感情。她們的廚房用具與外界不同，爐子有如鐵板燒，必須在平面鋼板上尋找熱點，才能煮飯、燒菜。因為語言不通，只聽她們在背後哇啦哇啦的議論我，甚至連我由莫斯科超市買來的綠色花椰菜與綠色蔬菜，好似都不曾見過，稀奇的左右端詳，當成由外星球帶來的。然後我才發現，他們每天料理給禪眾食用的，就是重複著馬鈴薯、番茄、包心菜……。

有一天中午，師父用餐完畢，我去收拾碗筷，看見師父的床尾地上，放著浸泡著衣物的臉盆，我立刻跟師父說，我來洗吧！師父連忙搖手，說是他自己洗了就是。我趕緊搶白道，師父的身體不好，我這趟身兼師父的侍者，洗衣服的事情當然要交給我。師父拿我沒轍，只好應允。我擔心洗完碗筷後，師父先把衣服洗了，乾脆端起地上的臉盆進入浴室，先行處理完再說。

我蹲在也是紅銹滿地的洗手間，發現臉盆裡的衣物，除了換洗的貼身衣物，就是兩雙襪子而已。搓了搓，很乾淨啊，一下子就在肥皂水裡擂起了一堆泡泡。此刻，由眼角的餘光，發現師父就站在浴室門口，看著我洗衣服。心想，師父一定猜我胡亂搓搓就應付了事，這哪成？我得用點力氣才行。於是，我使盡了氣力，咬著牙、暴著筋，費力地死命搓洗。等到偶爾抬頭一看，發現師父在無聲地笑著。……哈哈！我懂了！師父肯定在笑話我，只不過兩件薄衫與襪子，瞧我使出吃奶的力氣，像是在洗一床冬天的大被子，真有如此必要嗎？師父肯定也在笑話我，平日八成也是十指不沾陽春水的大佬爺。

雖然只有幾天而已，為了語言不通，我每天只能不停地微笑著，與廚房裡的大娘們打交道。不過，一旦碰到我有需要，經過比手畫腳，無論是菜刀、砧板、大小鍋子，她們都會準確無誤地交給我，一點都不會有所差錯。有一天，領班大娘拿著發黃的玻璃杯，接上有紅色鐵鏽的自來水，就這麼仰頭喝盡，我大驚失色，這多不衛生啊，就趕緊抓了瓶礦泉水遞給她，她愣了一下，居然搖搖頭，拒絕了。事後，我非常後悔，畢竟我是過客，我只是暫時闖進她們的日常生活而已。只因我心裡有鬼，擔心她們的飲水有問題，其實這就是她們已然習慣的生活條件，我走了後，她們一樣要如常過日子，又如何花費財力去找礦泉水？我這麼一個魯莽的動作，究竟是同情還是可憐她們呢？

最後一天，我燉了鍋綠豆湯請了廚房的大娘們，感謝她們多日的關照。看到她們滿臉狐疑的吃著綠豆湯，妳看看我，我看看妳，每人的頭頂都冒著不明所以的問號，好像找不到任何答案。我不禁哈哈大笑，她們完全無法體會綠豆湯是什麼玩意啊！她們也真是可愛，禮尚往來的烤了一個蘋果派給我們師徒送行不說，另外還送我俄羅斯娃娃，以及一個精美的俄羅斯茶壺給師父。

回程，師父與果元法師直接回紐約，我與阿良由莫斯科轉法蘭克福，再經曼谷回臺北。師父的飛機比我們的要早飛三個小時，上機前，師父把我叫到一邊，塞給我一捲盧布，要我在機場商店買點禮物送給家人。原來，師父又看破我的粗心大意，認定我沒有事先換取外幣。我握著留有師父體溫的鈔票，杵在原地，不知如何是好，師父對我揮揮手，要我趕緊去採購。等到師父的飛機飛走了，我發現我與阿良搭乘的航班號碼是「八七七」，才破涕為笑地跟阿良說：「這一趟，還真是『怕兮兮』地，由頭怕到尾。」一向嚴肅的阿良也跟著笑了。

經過這一趟旅程，我更是衷心體會，只要內心光明坦蕩，不猜疑、不迷惑，不自找苦頭，不留下任何陰影的藏匿魔頭鬼怪，日子才能夠過得清明利爽，和氣一團，自在且逍遙啊。

聖嚴師父說過：「恐懼和焦慮的起因，多半是因為自信心不足，也就是因為不了解自己的條件、能力、位置和立場，所以對於未來充滿著不安。例如出門的時候，心中老是掛念著會不會下雨？會不會被車子撞上？恐懼感始終在自己內心揮之不去，老是疑神疑鬼的。」

「為了平安，我們應當時時刻刻有危機的警覺，但不能變成恐懼感。危機感和恐懼感並不一樣，在恐懼的狀態中，很容易發生危險；但在危機感之中，對未來所可能發生的問題，都有所思考與準備，多一分準備，少一分危險，自然能夠常保平安。只不過有了百分之百的充分準備，並不是表示就完全沒有問題，很可能還會有危險的發生，但是因為已有周全的準備，當危機發生的時侯，有高度的應變能力，就不會恐懼、緊張、慌亂。」

因為 COVID-19 新型肺炎疫情的影響，平日已經習慣東飛西跑的世人，除了擔心疫情染身、災星降臨、心不太平之外，最為難過的就是無法暢快出遊了。

其實，心不太平，心中彷彿就有鬼，老覺得心神不寧。

新型肺炎的出現，等同是人類替自己築起了一道高牆，阻絕了所有健康、安全、自在的種種正能量。我們對居住環境的汙染，對地球的戕害，早就應該做次總檢討，並及時悔悟、遷過向善。如果不從自己做起，沒有為後代留下一條生存的後路、還給地球一個乾淨美麗的公道，就算再怎麼拜神求鬼，也都無法驅走心魔內鬼，當然就過不了平靜祥和的好日子了。

第22條

苦與樂的分水嶺

您吃過苦嗎？有人形容，這個「苦」字，仔細分析，像不像人的臉譜？草字頭像是人的兩眼，十字如鼻，下為口。所以，人的那張臉，只要稍不樂意，就會顯現出皺巴巴的「苦」字。

隨著年歲的更迭遞加，人們會在人生的每一個階段，嚐到各種深淺不同的「苦」味。而佛法談到苦，其中最為人熟知的是八苦，包含身心之苦的生苦、老苦、病苦、死苦、五蘊熾盛苦，以及人際關係所面臨的愛別離苦、怨憎會苦、求不得苦。

這麼多煎熬難馴、內外交夾的「苦」當中，病、老，或許是綿亙較長的一種苦吧？有的人病了數十年，有的人老病相侵，把身體拘禁在苦的無邊圍欄裡，那還真是此苦綿綿無絕期。

二〇〇四年起，聖嚴師父的健康持續亮著紅燈。二月初，發生右眼膜破裂，由仁愛醫院轉診臺大醫院，心臟也跟著不適。該年四月一日出版的《法鼓》雜誌上，師父公布了「預立遺囑」。縱然如此，師父依舊奉行「盡形壽、獻生命」的信念，哪裡需要他，就去哪裡。

該年，跟著師父去的國度反倒是更多。四月由新加坡到雪梨、墨爾本；五月初轉飛瑞士，然後回紐約；繼續又在八月飛往約旦。

四月中旬抵達新加坡時，師父二月份受傷的右眼膜，尚未完全根治，還帶有些許浮腫，並含有明顯的血絲；右臉頰異樣的紅暈，當然不是健康得有如紅蘋果。

帶病出征的師父，在新加坡受到熱烈的歡迎，除了主持了新加坡九十七位社會菁英參加的禪三，又連續兩天做了超過七千人的公開演講。

結束了新加坡忙碌的行程後，我們師徒一行就搭機前往澳洲的雪梨。師父右臉頰上玫瑰花瓣色的紅暈依然存在，右眼的紅腫也還未完全消散。我們離開新加坡是上午九點的飛機，路程加上時差，等到抵達雪梨下塌的飯店，夜幕如拉下的窗簾，四處的燈火皆已輝煌。

隔天師父就要面對兩個重頭戲，一個是下午在雪梨大學的學術演講，晚上另有一場跨宗教的論壇。就在兩個行程之間，師父還被延請到雪梨大學文學院，與副院長共同簽署該大學與中華佛學研究所的學術交流備忘錄。尤其是晚上以「如何從宗教中尋求內心的平靜」為主題的論壇，最是各路人馬的峰會雲集。與會的各宗教代表在發言時，都強調自己宗教的特質與優異之處，最後，聖嚴師父被主持人以「特別來賓」的名義，介紹出場。

師父開宗明義就提點，每一種宗教的信仰者，都認為自己的宗教是最好的，只是，萬一一個家庭裡，家人有兩種以上的信仰，該怎麼辦？師父說，當然是兩者皆能接受。師父舉例，他在歐美的弟子中，許多都是週日上午去教會禮拜，下午到佛堂聽經參禪。身為一個佛教徒，師父不希望他的弟子，因為宗教信仰而造成家庭的宗教革命與衝突，也不贊成因為學佛而影響與親人相處的融洽關係。

師父以身邊的故事，深入淺出地來闡述理念，更進一步指出，真理是要由內心去體會出來的。體驗，因人的程度而有所不同；體驗除了從理論開始，也需要透過實際修行來應證。不同的宗教有不同的修行方式，最普遍的就是祈禱，通過祈禱，能夠感受到與真理合而為一。若是能夠感受到與神合而為一，自己的內心就會和平，看到的世界也是和平的。只不過，每個人的宗教經驗並不相同，所以釋迦牟尼佛曾經要求弟子，不需相信自己的宗教經驗，要懂得放下，既沒有小我，也沒有大我，而要超越自己，叫作「無我」。

師父簡明有力、極具說服力的演說，彰顯了佛法的智慧、慈悲，尤其是無我的精神。在翻譯忠實傳達師父最後一句話的語意後，現場有如平地一聲雷，陡然爆出巨響的掌聲與喝采聲，那是讚歎，更是信服。

隔天晚上，師父又再回到雪梨大學，以「禪與心靈環保」為題，舉行了另一場公開演講。得以容納五百名觀眾的會場被擠爆了，主辦人莫靄瑜師姊臨時申請，又打開了另一個兩百人的會場，還是擠滿了觀眾。演講結束，師父雖然已經累到聲音低弱，卻還是對著捨不得退場的年輕觀眾們雙手合十，不斷說著：「很好！很好！」我看到跟在師父身旁的莫師姊的眼睛已經哭得紅腫，可以感受到身為主辦人所需承擔的巨大壓力，以及她對師父行誼、演說的激動與感念。

為了《不一樣的聲音》節目取景，疲憊異常的師父仍勉強拖著舉步艱難的雙腳，在侍者常寬法師的攙扶下，沿著皇家植物園及雪梨的地標雪梨歌劇院繞了一圈。行至雪梨歌劇院前，適巧遇上由臺灣信眾組成的法鼓山護法聽經團，團員們興奮地要與師父拍團體照，師父滿了眾人的願。看著每位團員與師父合影時，臉上透出的喜悅表情，我的心頭卻是一寸寸地往下沉落，如同吊墜著石塊，師父的病體越來越明顯，真不知道能支撐到何時啊！

在雪梨停留四天後，又是起了個大早，師徒一行十數人前往機場轉飛墨爾本，同行的還有那五十位的護法聽經團。

抵達墨爾本，匆匆用了午餐，師父就馬不停蹄地前往狄肯大學，出席由澳洲心理學會主辦的「禪與心理健康」專題演講。

師父在演說中以「五蘊」（色、受、想、行、識）來破題，說明「五蘊」組成的身心，如何千般糾葛、萬般牽扯，並且舉了很多生活實例。比方說，一位女弟子要動胃部手術，非常煩惱的來找師父，訴說她找不到讓內心平和安定的方法。師父就教導她，不妨把念頭放在「那是身體要開刀，不是我要開刀」，也就是練習放下對身體的執著，練習無我的觀想。結果，這位女弟子不但手術順利，還提前出院了，就連主治醫師都很驚訝。女弟子跟醫生說，她很聽師父的話，沒有把「自我」釘牢在身體上啊！同樣的，一等翻譯結束，現場的百位觀眾，有如大夢初醒一般，巨大的掌聲綿延不斷，直到師父返回座位了，依然未歇。

隔天，又是一場硬仗，師父的眼睛又腫了，頭也痛了。

下午是一場千人參加的公開演講，晚上則是跨宗教領袖的座談會，師父雖然又累又病，卻永遠是敬業第一，時間一到，絕對準時出發。當晚的「亂世中的個人信仰」座談會，師父擲地有聲地再次將佛教的修行次第與包容性，做了非常精彩的論述。「在多元的宗教世界裡，宗教本身是沒有問題的，真正的紛爭是因人而來。我們在單一宗教的國家與地區發現，有的人只知道自己的宗教，他們認為世上所有的人類都該信仰他們的宗教，世界才會和平。有的人甚至認為其他的宗教是邪惡的，只有自己的宗教最好。」

這是走遍全世界，與各種宗教代表舉行過無數次會議，並參訪過歐洲、美洲、巴勒斯坦、以色列、中東等地的聖嚴師父，實地聽到、看到以及感受到的見聞。

師父繼續說道：「因為人的愚癡，對宗教產生誤解，許多衝突不在宗教本身，而是人的錯誤觀念與行為所造成。」、「愚癡的原因就是心理不平衡，認為世上沒有正義，於是使用憤怒與暴力來達到所謂的正義，結果還是造成更大的傷害。」

我立刻聯想到，發生在紐約的九一一攻擊事件，舉世震驚，全球也都為死難者哀悼，這是人類史上難以抹滅的空前悲劇，聖嚴師父何嘗不悲慟啊！

師父不顧體力的已然透支，堅持站在講臺上，繼續苦口婆心地提點臺下的觀眾：「有人問如何才能修行？練習內觀、瑜伽、祈禱都可以。只要內心保持和平，自己與家庭就都能和平，外在的環境也能漸次和平，紛爭就能減少，甚或消失。」、「我曾遇見一位伊朗的宗教領袖，他認為世界的問題就是信仰宗教的人太多，但是修行的人太少。信仰者如果能修行，內心便能和平，這種宗教好是好，但不夠好：如果領導者也都能修行，我們的世界才會更好。」

可以想見，師父在此一公開場合，如此鞭辟入裡、有如醍醐灌頂的演說，是如何觸動了在場的來賓。難怪演說結束後，聽眾團團圍繞著師父，不停地發問、聆聽，就是捨不得師父離場。

這整整一天，把師父累得夠嗆。隔日上午，師父問我，為了《不一樣的聲音》節目，非得要去看澳洲的「國寶」無尾熊嗎？我就算是再不懂事，也知道師父不能不休息了。於是拚命地搖頭，沒有任何的堅持，取消了是日上午既定的行程後，師父終於有了喘息的機會。

墨爾本的活動是由鞠立賢師姊主辦，她在臺灣長大，嫁到香港，後來又移民澳洲。她的另一半陳天明，也是勇於發心、發願的大菩薩，法鼓山香港道場的現有所在場地，即是由他捐贈的。當然，為了師父的到來，陳天明也專程由香港飛到墨爾本親自接待。

師父休息半日，用過午齋，精神明顯好轉。天明突然請示師父，可否去自然公園散散步？師父不疑有他，點頭答應了。等到車行四十分鐘，師父才跟天明說，路程這麼遠，顯然是被他騙了，天明師兄樂得哈哈大笑。不過，自然公園裡的空氣真是清新可人，還有不怕人的各式鸚鵡飛到師父的手上停棲，師父開心地笑了，我們也如活潑可愛的鸚鵡一樣，跟著歡喜雀躍了起來。

這一趟，何謂苦？何謂樂？何謂沒有自我中心的執著？我真是幸運，因為隨師側記，已然收獲了個如實滿懷。

行過以後

聖嚴師父說過：「以佛的智慧來看世間，無論是我們的生命或是外在的環境，包括心理、精神、物質、自然等一切現象，全都是因緣所生。而緣起緣滅之間，並沒有一個永恆不變的自性……。人並沒有不變的性質。我們的身體以及所處的環境都是由『五蘊』：色受想行識所構成，其中連我們生命的主體『識』，也是沒有自性的。」

「如果我們能夠時時刻刻以這種角度、觀點來看世間，這個世間就沒有什麼非追求不可的東西，也不會有什麼事情是值得我們討厭、煩惱和放不下的。因為因緣一直在改變，一切都是暫時的現象，當好的狀況出現時，要知道它會漸漸失去，所以不需要太興奮。從另一方面來說，好的現象可以使它變得更好，壞的現象也可能使它好轉，即使再壞的狀況發生，最後也不過是一無所有，但是一切本來就是空的，所以並不要緊。」

「明白了『緣起性空』的智慧，我們就能夠接受苦而遠離苦，而離苦本身就是樂。這種快樂並不是吃飽喝足、接受感官刺激或麻醉後所感覺到的快樂，而是讓我們放下一切負擔……。」聖嚴師父明說了，離苦的本身就是樂。

一位旅居在舊金山的師姊W，多年來發奮學佛，因為沒有子女的拖累，她與另一半的師兄，幾乎以法鼓山的共修道場為家，全心奉獻，受到所有師兄姊的愛戴與敬重。

她每年回臺一趟，探視父母、親人之外，也順便檢查身體。沒想到，僅隔了一年，當她再次回到臺灣，做了體檢，居然發現了惡性腫瘤。

她家的師兄趕回臺灣，陪同她開刀治療。有一天，師兄私下跟我說，他已做了最壞的打算，只希望有一天，W師姊往生時，能夠在佛菩薩的接引下，沒有任何痛苦與罣礙。

較醫生預測的時間多了很多時日，W師姊還是往生了。在她走前的兩個多星期，還在回我的簡訊中說道：「又想起了師父，能稍稍體會到他那時的辛苦，更深深佩服師父在那樣的身體狀況下，還繼續為眾生付出……。這回體會到，我對往生沒有把握，要加緊用功了啊。我們一起在病苦上用功吧，經過自身的經驗，我們不僅更能體驗眾生的苦，也能激起度眾成佛的心願呢……。」

知道師姊往生後，我沒有一絲遺憾，只是為她慶幸，終於離苦得樂了；我也深信，在跨越過苦與樂的分水嶺後，W師姊必然會乘願再來，再來圓滿她這一生尚未完成的心願。

第23條

隨緣，不攀緣

攀緣，在人性當中，是非常特殊，也頗為複雜的習性，或者也可解釋為具有某種目的的性的意圖吧？

有的人希望飛黃騰達、光宗耀祖，只要一有機會，就想方設法的親近有名望、有財富的人；或是嫁娶名門之後、豪門之子（女），冀求得以少繞許多彎路，少奮鬥個一、二十年。

也有的人喜歡與名人沾親帶故，就算照上一張合照，都能四處獻寶，覺著面子十足，高人一等。

我這人不太識相，也不懂得彎腰，當年從事新聞工作，總有「說大人而藐之」的心態。後來改行做傳播，雖然知道人情往還的重要，卻老是學不來迎送往來的「生存之道」，難怪背後有同業批評我不自量力。

真正讓我自在又歡喜的事，莫過於是親近聖嚴師父與善知識們。我無須攀緣，更無須擠偏門，一切都是水到渠成，非常順理成章地進入法鼓山的大家庭。有點像是與親人久別重逢，彷佛認得了幾生幾世；再見面，只有歡喜。

多年來，聖嚴師父經常是夏冬兩季，在臺灣領眾建設人間淨土，春秋則在紐約等西方社會傳揚禪法。一向慢熱，不擅於對外攀緣的我，沾了與師父寰宇行走的光，不但在臺灣結交了許多善知識為友，也在美加、東南亞等各地結識了不少同參道友。

二〇〇七年底，師父的健康已然不復以往，不大可能再出國弘法了。我在紐約結識的新聞同業好友楊鳴、丘岳，都曾是香港與臺灣媒體派駐紐約的特派員，適巧兩人都陸續回到臺北，分別出任不同電視臺總經理與副總經理的職務。

某日，三人聚會，他們不約而同地聊到，當年在紐約，有幸認得了聖嚴師父，此刻也非常想念許久不見的師父，並掛念著師父的身體與近況，希望有機會可到法鼓山探視師父。既然受到好友的付託，我就試著聯絡師父的祕書常寬法師，沒想到很快就有了回音，且約好與師父會面的日期與時間。

約定的當天，我陪伴著他倆上了法鼓山，於會客室敬候師父的到來。沒多久，師父由常寬法師陪同，慢慢走了進來。師父的臉色並不好，明顯的浮腫不說，步伐邁得緩慢，還十分沉重。師父在胸口佩戴有一副小型的空氣過濾器，還附有迷你麥克風，聲音很是微弱，並帶點沙啞。

做為陪客，我刻意坐到沙發的另一邊，不打擾兩位主客與師父的談話。或許是室內特別安靜，就算我坐在外側，師父透過麥克風的聲音，還是可以聽得到。他們說著說著，忽然聽到師父提到我的名字，我立刻正襟危坐了起來。等到我豎耳傾聽，才發現師父居然向他倆開口道：「阿斗最近沒有新的節目，若有機會，不妨請他到你們的電視臺去製作節目。」

這可如何是好？師父為了我，竟然請託起這兩位老友了。

瞬間，在師父與兩位好友的注目下，我漲紅了臉。我試著想爭辯點什麼，想緩和點什麼，腦子裡卻是一片糨糊，不但舌頭打結，上下嘴唇也似乎沾黏上了，只能嗡嗡地在口內發出細微的、只有自己才聽得到的、毫無意味的聲音：「我還在製作《點燈》。」或許師父也察覺到我那恰似有聲又無聲的嘟噥，只是看了我一眼，沒有理睬我，繼續與兩位訪者說著話。無奈之下，我把注意力投向會客室的窗外，看著遠山的稜線及近處茂密蒼翠的樹林，強行壓抑住激越波動的心緒。接著下來，師父與客人聊了些什麼，我完全處於狀況外，我只聽到五臟六腑都在急速地搖晃、碰撞，像是地震後一堆玻璃杯碎了一地，某些迸裂的殘渣碎片還扎到胸口，有點痲，也有點痛。逐漸的，我的覺知如攪拌機，轟轟隆隆地加快了速度翻攪，我開始埋怨自己的不爭氣，都什麼時候了，還讓師父擔心我的工作，怕我沒有節目，擔心我沒有活路。我甚至憂心師父是否誤會我，以為我有意藉此機會攀附外緣，要師父幫我當說客……。

回程與去程一樣，我與兩位友人坐在同一輛車上，有一搭沒一搭地聊些稀鬆平常的話題，但我的下意識裡總覺得路途變長了，分明沒有塞車，卻為何老是回不到臺北？好不容易，車子終於下了高速公路，駛進臺北的街道。到了下車處，我加快速度的辭別友人，一路緊繃著的心弦，才隨著他們車子的駛離，猛然鬆緩了下來；我彷若癮君子般深深吸了一大口氣，然後悠悠地、舒緩地，將這口長氣呼了出去，與道路上銜接不斷的車輛所排出的廢氣混在了一起。我真的、真的非常擔心他們兩位，在車內跟我提及去電視臺製作節目的事，要我送企畫案，要我再約時間去他們的辦公室晤談……；幸好，友善的他們，也算是明白我的個性，終究放了我一馬，沒有觸及任何一個敏感的字眼。爾後，師父圓寂了，他倆在職場的工作也接連有了異動；至於我的世界，不但不斷翻轉傾斜，也幾乎翻出了該有的正常軌道。

如今，偶爾思及師父當時對兩位老友的請託，除了赧然，當然多了一分濃濃的暖意。師父出乎我的意外，拉下老臉，為我「關說」的好意，成為我下半生至為重要的奮鬥資糧，就算日後翻騰的幅度跌宕更甚，但我的心態有了改變，不再為難自己不說，也有了一份安定感，知道我的頭頂與肩頭，一直裊繞有雲狀無形的難得祝福，至今不曾消散過。

我因此找到了珍貴的明礬，澄清了原先混濁雜亂的心緒。我漸次清楚，有很多晦暗的自卑意識一直捆綁著我，是發鏽了的鐵絲，緊緊纏縛著脆弱且容易受傷潰爛的心口。我一直巴望著自己能夠爭氣點，多攢些錢財，多做些財布施，好在師父面前也能露點小臉。偏偏師父彷彿早早就把我給看穿、看透了，時時擔心著我是否又賠錢了？或是又惹了什麼禍端？

有一回，師父去西雅圖弘法，我也剛好由紐約過去。我跟西雅圖分會的發起人陳瑞娟師姊獻寶，說是紐約的乾姊陳學渝每回見到我，都要塞給我一個大紅包，無論如何推拒都敗下陣來。我把紅包拿出來給她看，還說回到臺北後，我要把這紅包捐給法鼓山，當作法鼓大學的建設善款。陳瑞娟與她的夫婿王崇忠，都是我的善知識，任何時間只要我有燃眉之急，都會慨然相助。說著說著，我忽然福至心靈，立刻決定將這個紅包捐給法鼓山西雅圖分會。一個剛成立的組織，一定需要更多人護持，我這點錢，姑且就當作是為西雅圖分會加油打氣的一點小小心意。

師父結束了西雅圖演講，在瑞娟家裡關懷當地的信眾。師父自然也垂問瑞娟，舉辦這麼大的活動，要花費不少經費吧？瑞娟回答，有很多師兄姊發心，就連阿斗都有贊助。師父聽到後，詫異地看了我一眼。

隔天，師父要搭機離境，我們自然都去機場送機。我在一旁與其他人說著話，忽然一位師姊跑來叫我，說是師父在找我，要我趕緊過去。師父見了我，也沒有顧到旁邊還有好多人，就指著我說：「我回去要告訴淑芬（我的另一半），說是你在外面亂花錢！」那個當下，我一時不知該擺出哪一號表情才好，只是傻傻地站在原處，只能傻笑。

師父知道我不是有錢的人，就連二〇〇六年底，師父最後一次前往紐約，在桃園機場的貴賓休息室，還特意把我叫了過去，叮囑我與攝影師阿良這一趟的旅費，以及在紐約的開銷，他會幫我付（當時，中視的《不一樣的聲音》節目已因師父的健康條件不允許而停止製播）。我急著辯解，這點小錢，我當然會有。師父正色道，紐約的象岡道場處處花錢，主事的法師很辛苦，我們這趟過去不少人，就算是師父自己都要付費。我還想申辯，師父一擺手，等於命令我住口。

另一回，也在紐約，我發現，維持象岡道場此一禪修中心真是很辛苦，除了要整修、維護，更要一筆經常支出的人事管銷費用，另外尚有興建中的男女禪眾宿舍急需用錢。趁著與師父私下聊天，我跟師父說，我一定要好好工作、好好賺錢，我要認捐一份象岡道場的榮譽董事（捐款新臺幣一百萬元，或是美元三萬五千）。沒想到，師父點頭了，而且是讚許地點了頭。

我後來以家父的名義，分期付款地完成這個願望。

為何兩種不同的時空，師父對我花錢的模式，會有不同的反應？我當然沒敢去問師父。或許，師父知道我粗枝大葉的個性，不懂得理財，更不會規畫財務，不會把錢財做合理的規畫吧。其實，師父還曾督促過我買房，不要再租賃住屋，這又是另一段不可思議的故事。

我這個人，生性莽撞，但又敏感，死愛面子，或許我具有母親的DNA（母親年輕時，曾經每個週末都舉債請客，家裡的食客不斷，直到父親借不到錢後，才開始悔悟），覺得維護面子是天大的事，豈可讓人給看輕？偏偏自己日後又選擇了公益事業，將公益做為志業，卻因此與自己的習性有了牴觸。只要是向別人募款，我就犯傻，哪怕是好友當著我的面表示願意捐款，我都羞愧得想鑽地洞，頻頻拒絕，總覺著太沒有面子，太挺不直腰了。

幸好，沒過多久，就聽到聖嚴師父說道，他是個和尚，他個人不需要錢，但是建設法鼓山，卻是處處要錢。法鼓山是為了眾生而建，不是為他個人，所以師父大聲呼籲，期待社會大眾要廣種福田，一起發願，共同建設法鼓山。

有了師父正知正見的榜樣，我終於體會到，只要是為了利益公眾之事，而不是自己的私欲，何妨理直氣壯地將募款的想法說出口呢？所謂的面子，還真是貧血的面具，必須得束諸高閣才行。至於攀緣，我本來就不擅長，還是隨順因緣，才是最為適合我的人生哲學。

行過以後

聖嚴師父說過：「『應無所住而生其心。』這是《金剛經》中的八個字。『應無所住』的意思……，沒有一定非要完成，非我不可的事，這就是沒有執著心。」

「牢牢抱住一件事、一樣東西，或是抓住一個人，那一定是痛苦不堪的；可是什麼也不要，什麼也不抓，什麼人都不需要，則又會變成孤立無援。所以『而生其心』，就是要處處留心，時時留心，努力促成其事。」

「要運用人來完成我們希望成功的事，要運用事來幫助人成功，這是相輔相成的。『用人成事，用事成人。』而且還不要被某一個圈套套住，也不要用圈套去套住人，這叫作『應無所住而生其心』。有了這種智慧的心，你就可以隨緣來成長自己、成就他人，隨緣為自己處理困難，為他人解決麻煩……。」

聖嚴師父就曾以「應無所住而生其心」來調理過我。有一回，在國外轉機，師父與我閒聊，忽然問我，都幾歲了？為何還在租賃房子居住？為何不買一間自己的住處？我一時答不上話，窘迫得只會搓手。（師父竟然連我的居住情況都一清二楚）

其實，那段時日，我剛好有了起心動念。當時，八十老父每回到臺北來，因為太胖，上下我們租賃的三樓樓梯，非常吃力；我跟老婆商量，是否該考慮換一間有電梯的公寓才好。只不過，師父關心我住家的時間點，也未免太湊巧了。

回國後沒兩天，聽到昔日同學在電話中提及，住在我家附近的另一位老同學L失婚，需要關懷，我就迅速邀請L來家中小聚。席間，L告訴我，他的樓上想賣，問我要不要考慮？我與老婆對看了一眼，吃完晚飯後，立即就陪著同學回家看屋。自進入社區，到看了房子的樣貌，當場就立刻拍板，買了！我與老婆一致認定，那處房子近山、空氣好，又有電梯，絕對適合老人家。

買了房子，才剛搬進去，某天，廖祕書來家道賀，忽然要我接電話，居然是在醫院治療的師父。電話中，師父恭喜我道：「阿斗啊！恭喜你啊！鳳凰終於有巢了。」我當場感恩師父，如果不是師父開口提醒，我的房子大概都是空中閣樓，永遠與我無緣了。沒過幾天，師父還特意請廖祕書送來了一副「佛化家庭」的墨寶，作為我的新居賀禮。師父的侍者法師還跟我說，師父專心治病，已許久不再執筆寫字了。

因緣，總是隨時在變。過了幾年，為了成立「點燈文化基金會」，我與妻商量後，還是將那住家給賣了。所以，我經常跟朋友說，這個基金會，等於是師父幫忙成立的。

那又是另一則我與「隨緣」有關的故事了。

第24條

開啟智慧的心光

自小，我對於做善事卻不欲人知，自稱「無名氏」的人，特別景仰。一個人能夠將「名」的執著完全割捨，不受「名」的束縛，簡直具有超凡入聖的過人基底。

自從學佛後，了解到一般人因為「無明」，就像烏雲遮蔽了太陽，不見智慧的心光，經常自尋煩惱，或是替他人製造紛端。於是，我便提醒自己，千萬離「無明」遠一點！只不過，經常一轉頭就忘記了。

二〇〇三年的九月六日，聖嚴師父與「功夫皇帝」李連杰，在臺北市舉行了一場「無名問無明」的對談。很多人都期待，「功夫皇帝」與大法師的交手，想必機鋒處處，迸裂出霞光萬丈的無限智慧與至理！果不其然，這場對談在當時造成很大的轟動。

我因身負記錄的任務，總會有殊勝的因緣可以跟在師父身旁，也因沾了師父的光，可以親近例如李連杰等如此知名的大明星。想當然耳，一些特別的人、特別的故事，也就有了第一手的訊息。

促成李連杰與師父結緣的，就是師父的皈依弟子何美頤與她的乾兒子A。A的家人都是親近聖嚴師父的修行人，他自己也是位非常精進的佛教徒，平日深入經藏，潛入禪修。

有一回，A到李連杰的美國家中做客，陪同李連杰打羽毛球，發現李連杰邊打球、邊誦念〈六字大明咒〉，兩人因而成為學佛路上的同參道友。

李連杰隨後邀約A一同前往大陸，陪伴他拍攝電影《英雄》。臨出門前，A自家中的書架上，取下了聖嚴師父的著作《正信的佛教》、《學佛群疑》、《金剛經講記》等書。拍攝《英雄》期間，體力消耗過度，李連杰累病了，進醫院注射點滴。打點滴本來就很枯燥且無聊，陪同在側的A，順手將《金剛經講記》塞進了李連杰的手裡。沒想到李連杰自此對這本書愛不釋手，就算是在拍攝現場，等候燈光師修正燈光的十分鐘，也都低著頭捧讀不斷，然後抓住時間就與A針對某一句經文的註解，做熱切的討論。A事後形容，李連杰一上戲就開打，一下戲就專注地研讀佛經，絕不放逸任何光陰。五個月下來，李連杰逐漸改變無事就磕牙的其他演員，他刻意尋找話題，將同業們導引至佛法上，等到《英雄》拍完，有近八成的工作夥伴，都可以接上與佛法相關的話題了。

A與「乾媽」何美頤進一步穿針引線，想要安排一場聖嚴師父與李連杰的對談。法鼓山倒是很快同意，樂見其成，沒想到李連杰卻有些退縮，以工作忙碌為由給辭退了。過了一陣子，A沒有放棄，再次舊事重提，李連杰也在這段時日有所體悟，覺得藏傳法師對他太過禮遇，就連閉關都有人送茶送水，於是想要一位嚴厲一點的法師來管教、督導並匡正才好。如此這般，李連杰這次同意了。

因為「無名問無明」的結緣，也就促成了李連杰於二〇〇三年十月底，參加象岡道場舉行的十日禪修。

由此可見，一件事情的成就真是不易，需要有人提議、有人促成、有人鍥而不捨，有人響應，其結果，不但可影響世人的處事原則與濟世觀點，也能以行動來轉移社會善良風氣，這該是多大的貢獻與功德啊。

以《少林寺》一片，在影壇嶄露頭角的李連杰，自小練武，聽到大人說他有才華，可以拿到全國冠軍，就乖乖聽話，努力練功，果然拿到冠軍。然後，有人請他拍電影，說他會大紅，又乖乖去拍，也真的紅了。或許他根本還來不及思考自己到底需要什麼、不要什麼，名利就猛然向他靠攏，讓他一刻都不得空閑。等到有一天，終於可以鬆一口氣，他才開始有了反思，對佛法的義理有了探究的興趣。李連杰沒有迷失在名利堆砌的紅塵裡，反倒在學佛路上找到自己，這在五光十色的娛樂圈中，還真是不可多得。也難怪「無名問無明」的對談中，他可以與師父談出累積多年的處事心得與人生體驗。

對談結束後兩個月不到，李連杰果然實踐承諾，興緻匆匆地趕到象岡，向聖嚴師父報到。

李連杰到象岡道場報到的當天，剛好是禪眾的藥石（晚飯）時間。我去的稍微晚了一些，適巧看見他與陪伴的一位編劇進來。當晚的藥石，就是將中午的剩菜煮成一鍋湯，配上當日上午烘製好的冷麵包，如此而已。當場，李連杰的友人還不懷好意地消遣他，看他如何熬過這十天的考驗。

我是事前就聽說李連杰會來，卻沒料到會在齋堂撞見他。我沒敢讓不受管束的心有所鬆散，晚餐後就趕緊離開齋堂，沒有繼續逗留，當然就更不會再偷偷打量他了。

當時的禪眾宿舍還沒蓋好，除了女眾可以在行政中心的樓上、樓下打地鋪，男眾一概都在禪堂裡自行尋找合適的臥榻。好在禪堂的地板已有地熱，只要稍為留點神，不要選到地熱不到的地方，順手鋪墊上兩、三個坐墊，一夜好眠，基本上是沒有問題的。

鋪好了臥榻後，為了上廁所，我必須繞到禪堂後方走廊的盡頭。才一轉彎，就發現李連杰的睡袋竟鋪在走道上靠牆的玻璃窗邊。我心想，那剛好是禪堂最冷的區塊，他還真會選。果不其然，他沒有受到師父任何善意的「優待」。

往後的每一天，李連杰如同任何一位參加禪修的禪眾一樣，清晨天未亮，一聽到打板的聲音，就要立刻起床，將睡袋收到儲藏室裡。早飯與中飯過後，「出坡」時間，李連杰一樣要拿起掃帚與拖把，清掃禪堂與廁所。「小參」時間，禪眾才得以開口說話，向師父請教一些打坐時所遇到的問題。他也不例外，乖乖地在小參室外排隊等候，沒有優待。吃飯打菜，同樣地，他也排著隊，一步一步挨近打菜區，久久才打上一盤菜與飯，坐在規定的位子進食，沒有優待。

師父的慈悲是不著痕跡的，他老人家心細如髮，觀察力敏銳，就算是任何瑣事，都難逃他的法眼。師父老是擔心我為了海外行程的記錄，花費太多，入不敷出。這回，難得李連杰這位大明星出現，師父竟然主動請纓，在禪十圓滿後，擔任《不一樣的聲音》節目的臨時主持人（臨時把主持人葉樹姍由臺北調來紐約，當然太過張羅），安排在法師宿舍的起居室，與李連杰以及同樣上山來打禪十的A，錄了一場有關禪修的對談，安排在節目中播出。師父在錄影前還跟我說，這場對談可以剪輯成兩集，我就可以多拿一集製作費，補貼這次的管銷。

李連杰非常直率且誠懇，他向師父坦承，每每在打坐時，兩腿痛到不行，很想偷偷放腿，但只要瞄到旁邊六十多歲的老先生，紋風不動地坐著，他的慚愧心便油然而生，又老實地坐下去。好不容易等到引磬聲響，可以起身活動，又看到坐在後方七十餘歲的另一長者，從容地坐在原位繼續用功，他心中一緊，覺得自己不可有任何僥倖心，浪費這難得的修行機會。

這十天，他又回到了當年那個「無名」的李連杰，沒有人找他拍照，更沒有人要他簽名，他又恢復為一個普通的人，可以全心全意地覺察自己的「無明」。他說，過去數十年一直忙於練武、拍戲，沒有時間與餘力審視內心的空乏，沒有機會去檢視人生觀是否有了遷變。這十天下來，他的腿痛與腰痠，也適時叮嚀了他，修行真的要及時，萬萬不可苟且蹉跎。打坐中，心中經常會生起各種疑雲，但很奇妙地，師父在每天三次的開示中，都剛好切中他的問題，以十分簡練易懂的說法，提點直觀、絕觀（中觀）的層次與方法，順勢解開了他滿心的疑惑與困乏。

最後一天，用完早齋，每位禪眾做好出坡的工作後，就能收拾行李，打道回府。我發現李連杰一點都沒有取巧，他還是拿起了拖把，在禪堂裡認真地拖地。他拖了過來、又拖了過去，像是全力在擦拭自己內心的塵埃。他專注投入在眼前的工作，沒有左顧右盼，也不見他與任何人寒暄，就是一心一意地做好自己分內的工作，照顧好自己當時的身心。等到出坡的工作結束後，他在禪堂的周邊，一圈圈地繞著步子，狀似在經行。我猜，難道他跟我一樣，也會捨不得象岡清淨、優美的環境，也會捨不得向師父告別？

終於，還是得搬運行李上車，離開象岡。一位師兄說，他看見李連杰在打包睡袋時，擦掉臉上的眼淚。

李連杰內心曾經糾葛的「無明」，不可能因為一場禪十就破除淨盡。不過，十天下來，「功夫皇帝」與禪法難得的一次邂逅，應該可以讓聰慧的他，撥開心中的迷霧，將禪法的精髓，活用在日常生活中。我想，「功夫皇帝」不可能一輩子打功夫，一輩子當皇帝，但是我深信，他一定可以永遠做一位實實在在的修行人，可以永遠做一位自在又歡喜的大菩薩。

行過以後

聖嚴師父說過：「無名，就是沒有名字。事實上我們出生的時候是沒有名字的，名字是假名、符號，並不一定真的能代表我們每一個人，因此追求虛名實在是很愚癡的事。但是大家都叫無名也很麻煩，所以名字還是要有，不過要把它視為假象、虛有的幻象。而無明則是煩惱的意思，因為沒有智慧、沒有慈悲心，所以常常會作繭自縛、自害害人。」

師父也說：「求名師或明師，是我們凡夫的執著，不要相信有名的人就是高明的人，也不要相信高明的人就一定有名。而人與人之間也是要講求緣分的，如果沒緣，即使一個明師在你面前，也會任由他擦肩而過。所謂『師父帶進門，修行在個人』，修行的成就不是師父能夠幫忙的，我想不管是顯或是密，不管是學什麼，自己努力是非常重要的，自己不努力的話，再好的老師也是沒有用。」

我的生平，第一次對被呼喊的「名字」有異議，是小學一、二年級吧？父母帶頭，姊姊一樣，都叫我「底迪」（弟弟）。我覺得我已經夠大，都已經唸書了，怎可繼續被叫成弟弟？多丟人啊？經過我的抗議後，家人便改口喚我的名字。

而後，我的名字也為我帶來許多綽號，例如「髒光頭」、「阿斗伯」、「阿斗」等，其中又以「阿斗」最為持久，直至今日。一度，就讀初中時，因功課很差，「阿斗」的綽號彷佛更是具有諷刺的意味。不過，排斥也沒用，那有點像是胎記，再抹都抹不掉。等到高中、大學後，倒也逐漸習慣不說，還因我的名字特殊，經常到一個陌生的地方，都會被率先記住，這也不壞，省得多費口舌，自我介紹。

對於「無明」的體會，自然是接近聖嚴師父後，才逐漸有了認知。由最初的隨著世事載浮載沉、得過且過，進而察覺到自己的粗鄙怠慢。而後，發現身邊善知識的言行循規成矩，反倒顯現出自己的不求長進、面目可憎。於是，慚愧心的驚醒，帶動了見賢思齊的念頭，日積月累地，也就有樣學樣，讀經誦佛，改換涉世態度，慢慢走出一個不讓自己厭惡的生活方程式，也斬斷了跌坐於「無明」的膧筋懶骨，許多纏繞在「無明」邊上的煩惱，竟然都尋到了解決的門道。

「學如逆水行舟，不進則退。」一直以來，老認為此一老生常談，實在冬烘得可以。等到有一天，活到了某一歲數，悟到了某一程度，還真是覺得這句話太有哲理。既然已自師父的傳道、授業、解惑中，推開了一點「無明」遮蔽的天窗，取得一絲帶有智慧的心光，就該時刻提醒自己，莫要再吃後悔藥，為了一時的疏懶與貪逸，重新走上愚癡無望、晦暗無光的回頭路。

第25條

心直口快不是直心

我相信，人的習氣與個性的養成，不單是這一生受到後天環境的影響。在我的認知裡，累劫累世，無論是男是女、是鳥是獸，眾生都曾在八識田裡，遺留有某種或深或淺的舊有意識，左右了日後的行為模式與思考邏輯。這些橫亙有百、千年以上的無痕經驗，如墨如炭，就算是多喝幾碗孟婆湯，也都無法去色，更遑論是拔去滅除。

心直口快，就是跟隨我多時多世的習性之一。我深切體會且感悟，心直口快，著實導致我受到無數的教訓，吃過無數的苦果。

二〇〇六年的十月底，病中的聖嚴師父，終於得到臺大醫師團隊的允許，前往紐約弘法，除了出席在象岡道場舉行的「世界青年領袖和平促進論壇」，另外也要主持菩薩戒及帶領禪十。對我來說，這真是個久旱逢雨的大好消息，終於又可再次跟隨師父踏上行程，記錄師父的弘法身影。

雖是帶病遠行，聖嚴師父還是時刻不得休息，只有前往紐約城裡的醫院接受洗腎等固定的治療，才能稍微喘口氣。就算在象岡忙碌會議與禪修之餘，只要騰出一點空檔，師父就要在書房裡磨墨寫字，一以做為較為靜態的運動，另一則為師父創作或是書寫法語的嶄新途徑。

我與攝影師阿良，就在象岡的行政中心待命，只要師父的忙碌告一段落，我們就要前往記錄。

那天下午，晚秋的象岡在靄靄日頭的映照下，帶有某種疏懶的靜好。坐在沙發上，伴有一杯濃郁香醇的咖啡以及深淺各具的師父著書，我只當作身在無憂淨土中，對於不久後，因為自己的習性所衍生的麻煩，完全渾然不知。

常寬法師的電話來了，說是師父寫好了一批字，我與阿良立刻拿起攝影器材，奔向師父的書房。

一進書房，阿良的攝影機就開始啟動。師父拿起書桌上，方才揮就完成的一幅字，要我執起尾端，仔細地端詳。師父問我，這字寫得如何？我還煞有其事的品頭論足起來，師父只是笑笑，對於我的信口開河，不予置評。

我這個人毛病不少，尤其曾經擔任過記者，就怕場面生冷，沒有話題。所以，每回在國際機場轉機，看到師父累到兩眼無神地擠在接駁巴士、行走在沒有盡頭的機場長廊，總會故意逗引師父說話，好讓師父輕鬆一下。或是說上兩句日文，讓師父以日文回答我，或是胡扯一點笑話，就算師父不笑，我也覺得自己已經盡了活化氣氛的責任。

順著此一習性說話行事，麻煩很自然地就會找上門。就在師父的書房裡，師父沒有理會我的胡言亂語。沒過一會兒，就指著牆上掛著的的四個新寫好的字「空中鳥跡」，問我道：「鳥在天空飛，真能留下足跡嗎？」

我的孟浪回答，就此啟開了一個意想不到的禍端。

師父平日在法會或禪修開示時，經常會給臺下的弟子扔出一個問題，略過數秒鐘，見到臺下的我們沒有任何反應，師父就會說明此一問題的出處或是典故。因此，就當師父對「空中鳥跡」提出問題後，我只要看著師父，滿心期待，師父一定會立刻說明這四個字的背後故事。但是，就在這要緊的節骨眼，我的內心忽然又鑽出了躲藏很久，當年那個頑皮搗蛋的小男孩；小男孩在想，師父又病又累，就趁機鬧鬧師父，讓師父開心一下好了……。於是，我揚著聲調，一副老學究的模樣，慨言道：「會啊！現在科技發達，只要有儀器偵測，飛鳥在空中揮舞翅膀時，一定會在空氣中產生波動……。」我本來還想再扯上幾句，但一見到師父原來炯炯有神的眼神，忽然黯淡了下來，就陡然收口，沒敢再繼續。

此時，剛好下一波要開會的人員抵達，其中還有拿著照相機的西方人士，我們開始搬動椅子，讓大家夥都能坐下來。

會議進行了一陣，可以告一段落了，師父的侍者常寬法師說，師父累了、要休息了，我們立刻起身，還原座椅，準備魚貫離開。就在我們在室外各自穿上鞋子的當口，師父還是走了出來，狀似要跟我們說再見。大家不約而同地雙手合十告假的當下，師父忽然又開口了。師父說，剛才室內那麼多的字幅當中，有一幅「大死」，有人知道是什麼意思嗎？大家你看我、我看你，都沒有答話，依照慣例，下一秒鐘，師父就會把禪修中所謂「大死」的意涵，說給大家聽。偏偏，那個不安分的小男孩就是個程咬金，硬是搶在此一關鍵時刻開口說話了。

我硬是活生生地將準備說話的師父給嗆足了，我大聲說道：「簡單啊！大死就是轟轟烈烈地死掉啊！就像是民族英雄文天祥、史可法一樣。」我以為我說完後，現場會有一片笑聲，可是沒有，大家都以不解的眼神看著我。此時，師父終於忍不住了，嘆口氣道：「阿斗啊！你都跟了我多少年啦？為什麼一點都沒有長進？……」接著下來，師父繼續責備、持續指正我。我的聽力卻突然失聰，有如科技進步的電腦自動系統，瞬間關機，耳畔只餘有一群蜜蜂嗡嗡的作響，像是譏笑我捅了牠們的蜜蜂窩。我內心只是不斷地慘叫、哀嚎著：「完了！完了！師父還在病中，我怎麼可以惹了這禍事，讓師父動了氣？」處於半恍惚半焦慮狀態的我，似有似無地聽到師父的隨行記錄胡麗桂，低著嗓子向師父解釋：「阿斗菩薩有口無心，他不是那個意思。」

師父大概見我被罵傻了，箭頭一轉，立刻轉向另一頭的攝影師阿良說：「阿良，你也一樣，沒見長進！」人們又都把注意的焦點移到阿良身上。我才如大夢初醒般，同情起阿良來，可憐的阿良也無辜地受我連累了。

師父終究沒有在那個被我攪和掉的混亂場合，說明「大死」的出處。

大家各自歸位後，我就在寬敞無車的停車場上，奮力快步地經行。照理說，經行能收心、攝心、安心才對，我卻在滿身大汗的情況下，不斷咒罵自己、批判自己：「最好當場心肌梗塞，倒地不起。」

終於走不動了，我拖著如死屍的雙腳，心不甘情不願地回到行政中心。此時，胡麗桂師姊跟我說，下一波客人到了，我們得趕緊過去師父的書房記錄。我搖著頭，不肯去。胡師姊再三勸我，我順手撕了一張紙，火速寫下了一封道歉書，請胡師姊呈給師父；我跟師姊說，我一時沒有顏面去見師父。

沒過多久，胡師姊與阿良回來了。胡師姊說，師父不是真的在責罵我，師父只希望我能改掉心直口快的毛病。

天色逐漸轉黑，象岡道場的棵棵參天大樹，在路燈的探照下，斜斜地投射著巨影，籠罩在屋頂、廊檐、門窗上，如同我當時鬱悶心境的真實寫照。我處罰自己，沒有吃藥石（晚餐），只是愣愣地對著窗外的樹影發著呆。胡師姊忽然由外面匆匆走進行政中心，說是師父要進紐約城裡治療了，約我一同去送師父。我有點泫然欲涕，自責的心念更是強烈與倉皇，我有點猶疑，還是覺著一時拉不下老臉去見師父。胡師姊耐心且委婉地勸解我，要我莫再執著。終於，我緩緩地起身，穿上外套，跟在胡師姊身後，走進夜涼如水的黑夜裡。

只差了幾步，還沒來得及轉進通往師父寮房的小道，師父的座車已經開了出來，一個右轉，直駛而去。一片寂靜瞿暗的夜色裡，只見座車後方的兩側，紅橘的燈光兀自亮著，也亮起了我深沉無力的懺悔。我可以想像，疲累的師父，坐在副駕駛的位子上，頭襯著後墊，雙眼依然奮力張著，直視著前方只有車燈點亮的夜路，然後，慢慢地、緩緩地闔上。那兩盞堅定亮著的車後燈，在我的視線裡慢慢縮小，就在一個轉彎後，倏然不見。胡師姊說，天很冷，我們趕緊回頭進屋吧，我卻寧願有神祇賜我神蹟，瞬間領著我，坐進師父的車子裡，親口向師父低頭懺悔。

那時正值師父主持禪十的期間。師父一開始就向在座上百位的禪眾說明，如果某天因為進城治療，有所耽誤，無法到場開示，希望大家諒解。只不過，十天當中，每天早晚的兩堂開示，師父一次都沒有落下過。

隔天，時間一到，治療過後的師父，還是準時出現在禪堂。

原本我慣常坐的位置，就是面對師父的正對方，攝影機與攝影師都在我旁邊。恰好，禪十總護法師就坐在我前面，我覺得這位置最好，因為法師擋住了我，我在後面低頭搔癢或是閉目養神，師父絕對看不見。

狀極疲累的師父上座後，擔任英語翻譯的果谷菩薩開口問師父：「師父！您還好吧？」師父顯然沒有聽見。戴著麥克風的果谷再問一次，師父好像還是沒有聽到。果谷乾脆起身，走近師父，第三次又問一回。師父調整了一下眼鏡，回道：「說累了，你們會擔心；說不累，是打妄語。我就繼續盡形壽，獻生命吧。」師父無力簡短的答覆，透過麥克風，怦然一聲，有如千金巨石落地。一當嗡嗡作響的回聲漸次平息後，我才發現，整個百人集合的寬敞禪堂，靜謐如一個人都沒有，就連一絲呼吸聲都聽不到。

等到師父開始開示，我才愕然發覺，一向坐在我前方的總護法師，這時忽然把蒲團往左移動了一些，沒有繼續遮擋住我。朗朗數十米，我竟堂堂正對著師父，中間沒有任何障礙物。沒錯！我必須正視師父。

悔恨，有如日昨寫給師父的道歉書，一個字一個字的由肚子裡往上攀爬，繞過我的心臟，通過我的喉嚨，又擠到我的眼眶。我再也無法忍住，眼淚肆無忌憚地往下滂沱，鼻涕也爭先恐後地向外奔流。好在褲袋裡帶有手帕，我只有低著頭，一堂課都低著頭，無法抬起，哪怕是抬頭看師父一眼。

開示完，師父下座。沒有慣常地由右後方出堂，師父竟然筆直地朝我走來。我的心口為之一緊，心想，也罷！如果師父還想教化我，就讓他老人家盡情地罵吧，大家不是都說，被師父責罵是難得的福報。

就在全場注視中，師父走到我面前，低聲地交代一聲：「師父在外面等你。」一我火速幫著阿良把地上的電線與線盤收拾好，快速地奔出禪堂。師父站在禪堂右側的步道邊上，遠遠看去，師父都有點像紙片人了，彷彿只要有一陣風，就能把師父給吹走。

一到師父面前，我雙手合十，低下了頭。師父沙啞的聲音立即傳來：「怎麼師父才說你兩句，就不肯來見師父啦？」方才在禪堂好不容易止住的眼淚，這下再次蠢蠢欲動；我只能拚命搖著頭，嘴裡卻是再也說不出一個字來。師父又勉勵了我幾句，這下我換了點頭，不斷地點頭，最終，還是無法抬頭直視師父一眼。

老實說，我最為抵擋不住的就是師父此一「慈悲的溫柔」。

十餘年來，每回我做錯事、說錯話，師父總是像慈祥溫煦的老父親，責罵過後，一回頭，就將一顆甜蜜的糖果遞進你口中。就算你含著眼淚，也會隨著口中融化的糖蜜，鬆開你緊繃的執著，修復你自以為受傷的自尊，讓眼角漾出的笑意，間接地跟師父說聲：「謝謝師父！我沒事了。」

師父圓寂後，超過十年，我再也沒有機會領受師父的責備，哪怕是夢中都沒有。只不過，曾經蜜過嘴甜過心的滋味，縱然遍尋不著，倒也恆久不忘。至於那害人不淺的「心直口快」習性，我還在努力修正中、依然在努力地修正中。

行過以後

聖嚴師父說過：「佛教有一句話：『直心是道場。』一般人不懂直心，以為心直口快就是直心；其實所謂直心就是心不扭曲，沒有波紋，念念都是平直的。……心是直的、不扭曲，那就像一條筆直、平坦的大路。」

「有一個在家弟子，寫了一篇修行的報告給我，他說他是一個直心腸的人，是快言快語，直話直說的人，因此常存好心說好話卻得罪人，不但傷了別人，也令自己覺得窩囊。……心直口快是說話不經大腦，沒有深思熟慮，因此會說出不得體的話語。」

師父早年有一回在農禪寺開示時指出，心直口快是兩面刃，會傷害別人，也會傷害自己。我當時暗暗伸了伸舌頭，心想，師父說的就是我啊！只不過，言者諄諄，聽者藐藐，我竟然沒有往心上去，總要在日後碰到重大挫折後，才會猛然後悔，師父的叮嚀，為何我又忘記了？

第26條

是日已過，命亦隨減

生平第一次在農禪寺參加禪修，藥石（晚餐）前，要做晚課。本來肚子有點餓，想到馬上有可口齋飯享用，心中躍出幾分歡喜，便有口無心地隨眾課誦，只盼望晚課快點結束。直到唱誦〈普賢警眾偈〉：「是日已過，命亦隨減，如少水魚，斯有何樂？大眾當勤精進，如救頭然，但念無常，慎勿放逸。」忽然胸口一緊，眼前的世界瞬間變了。

有如遊戲在晴天當空、鳥語花香、景色怡人的青蔥草原上，一道閃電瞬間霹靂打下，沉鬱的雷聲隨即逼近，暴雨也於電光石火中猛然落下。或許是雷、電、雨齊來的威力太大，當場將我驕慢倨傲的心給粉碎於一地；我的眼淚止不住，唱誦的聲音也壅塞於喉間，完全泣不成聲——這才知道，我居然是隻名符其實的迷途羔羊。

二〇〇六年的十月下旬，時隔一年半，翹首苦等的隨師行天下，終於得以再次成軍；病後的聖嚴師父，又要出發前往紐約。

就算我再懵懂無知，卻也清楚，這一趟，或許是隨師紀行最後的「完結篇」。我告訴自己，我要像一部相機、攝影機，喔，或許是影印機，要將師父沿途留下的一言一行，全都銘記在腦海裡，妥貼收藏，永誌不忘。

只因師父示現的病容，加上耳聞師父的病情並不樂觀，雖然沿途一直擔心著師父的體力能否支撐得住，卻也貪婪的包攬著與師父同行的師徒情緣。

十一月四日，師父的狀況不錯，師父的英文祕書常濟法師開心地宣布，是日的計畫不變，師父要領著我們前往新澤西州拉法葉城的「同淨蘭若」，拜訪師父在上海靜安佛學院求學時的恩師仁俊長老。

我們師徒數人，分別搭乘兩部車，由象岡禪修道場出發。雖然當日的太陽懸在藍天上，狀似溫和亮朗，其實冷若刀鋒的秋風，一旦灌進忘了綁條圍巾的脖子裡，還是會忍不住地猛打哆嗦。

愚昧的我，原先老覺著奇怪，為何紐約也有條馬路叫作「重慶南路」，這一下終於明白，「同淨蘭若」是仁俊長老在紐約的弘法道場。

抵達同淨蘭若之前，與師父同乘一部座車的常濟法師已有電話過來，說是師父叮嚀，仁俊長老必會挽留我們共用午齋，我們萬萬不可打擾，師父只想向仁俊長老問聲安，將備好的禮物交給長老後，我們就立刻返回象岡，還是在象岡道場過午用齋。

果不其然，我們才下車，仁俊長老就由室內快步趕了出來，可見長老早在玄關候著了。急忙下車的師父也三步併作兩步，好在沒有蹣跚，立即緊緊握著仁俊長老的雙手不放，彼此的口中都敘著濃郁的關切與問候。如果仁俊長老不說，我還真是不知道，長老歪在一邊的脖子上縛有一層護具，原來裡面才抽取出一千多西西的積水，還自頸椎拿掉了兩根骨頭……。師父對長老說，此行不便太多打擾，往大殿禮佛後，即刻告辭。但長老豈肯罷休，拉著師父的手，硬是往裡拽，說是天太冷，先去喝杯熱茶再說。等到我們在會客室安坐下來，熱茶一杯又一杯地喝下肚裡，仁俊長老還要我們留下吃飯。師父立刻站了起來，說是後面還有行程，無法久留，這一下，仁俊長老是再也無法挽留得住師父了。

臨行前，師父祝福仁俊長老，健康活到一百歲。長老笑著說，誰知道呢？或許今晚就走了。

我們的車子駛出同淨蘭若，依照原先的說法，要直接返回象岡。開車的江師姊說，師父每次回到紐約，一個行程是絕對不會落下的，就是一定會來探視昔日的恩師仁俊長老，以及曾經以無名氏名義資助師父，在東京念完博士學位的沈家楨居士。江師姊強調，我們的師父永遠在做弟子們的表率，絕對將「知恩、報恩」做為終生奉行的準繩。沒錯，依照師父的預定，我們隔天是要去看望沈家楨居士。話才說到這兒，常濟法師的電話忽然又來了，說是師父臨時決定，我們馬上要轉往上州的莊嚴寺，去探視師父的「點燈人」沈家楨老居士。放下電話後，我們這一車忽然像是引爆了炸彈，每人都七嘴八舌地竭力反對，認為師父不可太累，尤其不久就要過午了，吃飯時間不讓師父進食，對師父的身體當然更不好。在眾人熱切的要求下，江師姊立刻打了電話給常濟法師，但沒說上兩句話，旋即又掛掉。師姊說，師父已經交代，看完沈老居士後，師父要請我們去吃披薩。

我們的車內，瞬間就安靜下來了，每個人似乎都跟自己對起話來。原來，事事替他人著想的師父，擔心我們沒有準時回到象岡，會讓義工不得休息，還要專程為我們熱飯、熱菜，就決定在外用餐。同樣的，師父知道自己的身體狀況，或許覺得當天的狀況不錯，不如把握機會，提前去關懷沈老居士。誰又知道，明天的狀態，是否能夠一如是日的小康無礙呢？

我又想起了那則偈子：「是日已過，命亦隨減，如少水魚，斯有何樂？」為什麼師度：

父老要我們活在當下？如果沒有把握住每個當下，在當下踏實努力，萬一面對的是充滿變數的下一個瞬間，或許是個無常的明天，又該怎麼說呢？

常濟法師沿路一定打過不少電話與莊嚴寺聯絡，我們像是有同步現場實況的轉播，立馬知道，原本車子要直接開進莊嚴寺的三門，但一聽說莊嚴寺住持要搭衣恭迎，師父立刻指示，不要如此大費周章，此行只是來探視沈老居士。於是，我們的車子就避開大殿，直接開到沈老居士居住的一間獨立木屋，老居士一人獨居於此。

省掉了繁文縟節，我們師徒一行，很快就抵達了沈老居士的住處。師父帶頭，領著我們登上樓梯，入得室內的二樓。站在樓梯口迎接的沈老居士，依然是白髮紅顏，笑容盈面，師父分秒都沒有耽誤，一個跨步，立刻緊握著沈老居士的手。沈老居士詢問師父幾歲了？師父回答七十七。沈老居士笑著說，他已經九十四歲了。他又問師父，此行有何用意？師父說，專程來看望他的。沈老居士連說了兩次不敢當。我環視周遭一圈，曾是航運業大亨的沈老居士，一生盡心盡力，竭盡所有的弘揚佛法，如今垂垂老去，養老的地方居然如此侷促，就這窄仄的會客室來說，除了佛像，就是經書，要想讓來客入座，還真是繞轉不過身來。師父並沒有坐下，他從頭到尾沒有放下握著的沈居士的手，在叮嚀老先生多保重後，隨即告辭。沈老居士送師父到樓梯口，婉言致歉道，他的腿不方便，無法送下樓了。師父請他寬心，不再逗留，轉過身，一步步地步下樓梯。

下得樓來，師父又殷殷垂詢照顧沈老居士的禹小姐，得知沈老居士的一些近況。答謝了禹小姐後，師父準備上車。一般，無論去到何處，就算是進機場或上車趕路，師父的行動一向不拖泥帶水，說走就走。但這一次，已經要彎腰上車了，師父忽然回頭，重新打量了一下沈老居士居住的二樓。那個當下，我不知師父的心中，升起的是什麼樣的念頭？我猜想，其中肯定有這一生與沈老居士難得的知遇之情，以及無窮無盡的感念與恩謝。

上車後的我，心頭有點晦暗，總覺得九十四歲高齡的沈老居士，一個人住在小樓裡，無人伴隨，未免也太過孤寂。此時，身旁的師姊慨言道，沈老居士就像是身在佛國淨土裡的一尊佛菩薩，他這一生傾盡家財的在提倡佛法，振興佛教，支持僧人，這樣的人生，肯定是法喜充滿、精湛無悔。師姊的讚歎，令我極想猛拍一下自己冬烘的腦袋。我這人真是莫名其妙，人家沈老居士一生信佛、學法、敬僧，如今求仁得仁，已然身居佛國淨土裡，我這是哪門子的感時傷懷啊？

車子離開莊嚴寺，我們於返回象岡的歸途中，進入公路邊，一家樸素無華的披薩店。我們隨行十人，分別入座後，師父一個人，獨自坐在一個背光的小方桌。師父身後的牆上，有一口直立的方形小窗，大小適中，有如樸實的四方畫框。穿過畫框，從透明的玻璃窗看出去，室外一棵鮮黃亮爍的銀杏樹，剛好鑲進畫框裡。陽光撫照中的銀杏葉子，每張葉片，或是淺綠，或是鮮黃，或是褐黃、或是黃褐斑駁，在在展現出耀眼的生命張力，根本無視刀鋒冷冽的秋風凌虐。它們縱然已步入生命週期的盡頭，但是恣意展現的舒張與寫意，只見歡暢，不現悲愁。窗外逆行奔射，滾滾進入的聚合白光，恰好也自師父的背後，勾勒出立體分明的輪廓；只要瞇起眼打量，還是得以看見，師父滿面疲累，歷盡風霜的慈容上，掩藏不住的是慈悲與智慧交相互映的神情，那就是一尊菩薩的化身與剪影。我一時忍不住，拿起相機，想將這動人的一幕拍下來。見到我舉起相機，師父突然一皺眉，低聲叮嚀我道；「不要拍！還有其他的客人，不要給別人帶來困擾。」我趕緊放下手中的相機，乖乖地踅回我的座位，不敢再有躁動。不過，就算不再起身行走，我卻是極度的慶幸與歡喜，因為那動人的一幕，已永遠收藏在我容量不大的腦部記憶體中，永遠不會紛失。

付帳時，我就近前往櫃檯，遞出我的信用卡。常濟法師快步過來，低聲交待，披薩是師父說好要請的，我就無需搶單了。我一回頭，因為有了距離，逆光中無法再真切看清師父的表情，師父像是扯動著嘴角在笑話我，又像是在瞪著我。我隨即變做輕巧的小貓，躡手躡腳地走到一邊去，乖乖貼牆站著，繼續觀賞著窗外和煦的陽光與繽紛的黃葉持續在說著法，順便也讓盡力在消化的滿腹披薩，老實地安靜下來。

（註一：沈家楨居士於師父到訪的隔年，二〇〇七年十一月二十七日，被佛菩薩接引到西方淨土去了，享壽九十四。）

（註二：一生疾病不斷，卻時刻為了度化眾生而不停奔波的仁俊長老，二〇一一年二月九日晚捨報，世壽九十三。）

行過以後

聖嚴師父說過：「一般人對『是日已過，命亦隨減，如少水魚，斯有何樂？』這四句話的解釋，常常偏向於悲觀與消極，對生命的消逝，充滿了無可奈何。其實不然，佛法所謂的無常，是具有警惕的作用，能讓我們時刻心存危機感，激勵我們要珍惜光陰，並且善用有限的生命，來成就無限的慧命與功德。」

我經常會回想聖嚴師父圓寂前，最後那一趟的紐約之行。清楚知道自己健康狀態的師父，沒有悲愴，更不見絲毫激動，一如過往慣有的行程，探視此生重要的兩位「點燈人」，實質上，師父是專程去「告別」的啊！如果換作是我，別說是心靜如水、無波無浪了，說不定我會像梁祝電影一樣，十八相送個沒完沒了，附帶還來個生死契闊、難捨難分的樓臺會。

顯然地，師父是現身說法，以所存無幾的生命餘暉，及時去張顯知恩報恩的為人倫常。沈居士較師父早走兩年，仁俊長老則比師父晚了兩年圓寂。十餘年過去，疫情方興未艾，我已多年沒有機會，再次前往紐約；只不過，無論是同淨蘭若，或是莊嚴寺，都已是我生命中佇足過的重要禪林，那裡，既豐足了我，也感動過我。

這一趟行走，是日已過，命亦隨減；正如師父所說，真的不是消極悲觀，而是積極進取，珍惜光陰、善用生命。

第27條

心安就有平安

COVID-19尚未出現前，全球人類就因天災人禍、戰爭、暖化、汙染、資源缺乏……等各式問題與壓力，必須面臨集體不安、身心疾病等多重嗆害。至COVID-19炸開後，鎖國、封城，外加居住隔離、經濟崩壞等負面浪潮，對人類而言更是雪上加霜，不但生活步調失序、混亂，人與人的疏離更是嚴重。事實證明，無論任何國家的防禦做得再周延、再徹底，病毒還是無孔不入地攻城掠地，使得一向自信無敵的人類，頃刻之間也只好萎頓失意地承認，人，真是無法勝得了天。

在眾多身心疾病當中，因為內心恐慌、憂鬱，走上自殺絕路的人數，恐怕也不是少數。

某次與友人駕車，在日本富士山的山麓下，途經著名的「自殺名所」青木原的「樹海」，友人說，每年都有不少人走進此一樹蔭蔽天、不見天日的林區自絕生命、遠赴黃泉，聽來不覺駭然，久久無法釋懷。

於是，聖嚴師父的法語：「心安就有平安」，便立即浮現出眼前。

以往，聖嚴師父無論是身在臺灣、紐約，或是任何地方，總會有不少訪客前往拜訪。其中，極少數為單純的問候與親近，大部分的人，都在言談中，提出切身發生的困擾、焦慮與問題，央請師父開示。慈悲的師父當然不會讓訪客失望，以佛法來提點訪客，透過「望、聞、問、切」，哺以清明有效的智慧良藥，結果自是讓訪客滿意而歸。經過訪客們口耳相傳後，想要拜望師父的訪客也就越來越多。

同樣是二〇〇六年，師父最後一次前往紐約，我才第一次近距離地親眼目睹，師父像是一所大型醫院的門診醫生，憑藉著累積深厚的經驗與技術，本著無窮盡的耐心與愛心，不停地為聞風而來、不斷加號的「病人」，逐個做佛法諮商與治療，即使師父自己每隔一天就需前往醫院回診、洗腎。

早在「聯合國全球青年領袖高峰會」的會前會「青年領袖和平促進論壇」的閉幕典禮中，師父就對當代人類的困境提出建議與倡言。師父言及，眼下全球貧富不均的解決之道，只是解決貧窮的問題，僅是治標，並非治本；如果不從源頭解決精神與心靈貧窮的問題，這個世界的貧窮之患，就永遠無法根治。

明明是帶病在身的師父，指陳這些暮鼓晨鐘的警言時，為何眼神就炯炯發光，精神也隨之煥發了？於是我知道，師父救世濟人的菩薩精神，始終位居人生價值的第一順位，只要眾生需要，就算身體再有不適，也可以在轉瞬間，如熱情洋溢的光陽，穿透出厚積雲層，將霞光普照於人間，全面照拂不安的人心。

我同時也發現，只要一見到年輕人，師父就會特別開心，連聲音都特別溫潤、有力。因此，當師父在論壇上說出重話，見到臺下青年才俊們失望的表情時，旋即又為大家加油打氣，勉勵年輕人，千萬不要對這個世界失望，只要每一位年輕人都能許下一個願望，以慈悲心拯救世界，用和平且非暴力的手段來處理種族與宗教問題，讓內心不貧窮，如此一來，未來的世界就必然是有希望的。

師父的鼓勵，有如防疫效果極佳的疫苗，立即鎮定了全場年輕人浮動的心。數日後，完成所有公式活動，這群來自世界各國的年輕孩子們再次聚首在東初禪寺，舉辦一場惜別會。青年們紛紛表示，有了師父會前會的叮嚀與祝福，讓他們在出席聯合國青年會議大會時，得以把持住正確的心態，沒有迷失於空泛無力的官樣文章裡。他們彼此擁抱，流著淚，交換彼此的感受……。師父在全程中，始終和藹地展顏微笑，彷彿見著滿堂意氣風發的孫輩們，個個蓄勢待發，即將展翅高飛於希望無垠的廣闊世界。

才送走這批活力無限的青年才俊，師父仍不得休息，又應「全球女性和平促進會」發起人迪娜．梅瑞恩之邀，與一群活躍於世界公益組織的菁英們舉行個別會談。

是日，約定的時間前，我與攝影師阿良帶著攝影器材，趕到紐約曼哈頓，聯合國會址對面的一棟大廈大廳，靜候師父一行的到來。等到會談的時間接近，一向準時的師父難得的沒有消息，就在此時，師父的英文祕書常濟法師來了電話，說是方才治療結束的師父非常不舒服，無法起身，必須躺著休息，是晚的約定，臨時延後至隔日的下午。

眼見攜帶了眾多器材卻無法開工，我一個心軟，跟阿良說，我們還是叫一輛華人經營的出租車，返回布魯克林區的住宿地吧。

車子在人潮與車流無止無休的曼哈頓大道上，無法急駛，太多的紅綠燈、臨時穿越馬路的心急紐約客、不耐煩的喇叭聲潮、工地的施工鑽地噪音，交織、變奏出狂亂無章的憤世交響樂，就算隔著一道玻璃窗，都讓我有無法呼吸的錯覺。我下意識地打開了些許車窗，以為會使腦袋清明些，沒想到，汽車的廢氣加上炸薯條、烤披薩、煎牛排、甚至流浪漢體臭等所混和而成的刺鼻氣味，卻瘋狂地席捲進車子裡，我差點沒有被嗆到窒息，趕緊又乖乖地關上窗子。這才由反光鏡中，瞄到司機死命瞪我的眼神。

彼時，九一一事件的陰影，依然瀰漫、停滯在紐約的上空，就算光天化日下，也都有身處暗夜的恍惚與不安。時隔十數年後的此刻，一旦思及當日的紛亂情景，下意識裡，還是讓我有將整個頭埋進夾克裡的衝動。

隔天的近午時分，無暇生病的聖嚴師父，終於如約出現了。才由座車走下來，師父就熱切地與此次活動的主人迪娜打招呼，並為昨晚的失約再次道歉。個頭嬌小的金髮女子迪娜，開心地雙手合十，再三感謝師父的到來，並慶幸師父的體力得以恢復。

師父才走進大廳的玄關，一位候著的訪客迫不急待地趨前，似有滿腹苦水急著向師父傾訴，偏偏如約而至的訪客們，也開始紛紛湧到。為了避免混亂，迪娜還是奮力地護著師父，搭上上樓的電梯。我心想，這個下午，絕對不是尋常舒心、愜意的午後時光。

掛到頭香的是一位籌備兒童基金會的負責人，名叫奧萊拉，師父說，此一發音與中文的「我來啦」很近。師父解釋，他經常勉勵弟子們，對於沒人做，卻是有益眾生的事，要勇於承擔，要慨然說聲「我來啦！」奧萊拉聽聞師父的開解，立刻開懷大笑，有如打了一劑強心針。原來奧萊拉發願透過募款，為非洲因內戰而沒飯吃、無法讀書的兒童與青少年服務，但因屢受挫折而頗感無力。

師父讚歎奧萊拉能夠發此宏願，確實難得。師父以自己為例，當年來到紐約，想要將佛法傳播給西方人士，雖然一度貧困地在風雪中露宿街頭，但從未生起放棄的念頭。在願心及耐心、恆心的努力下，慢慢地，學生與弟子們的學法、護法因緣日益成熟，弘法的大願也就漸次開展。奧萊拉聽了很歡喜，希望師父多給他一些佛法的提點。師父進而具體建議，對於兒童與青少年的教育，不外乎是知識、技術以及精神層面。知識是需要全面的，要將他們的國家社會與現今的世界脈動完全接軌才行，絕對不可過於侷限，否則將成為井底之蛙。技術則要因材施教，以政治、文化、經濟、非營利組織等各領域做為藍本。至於精神層面，則是三者之重，不但要培養他們具有反省的能力，還要對他人懷有慈悲與愛心，不可被仇恨與嫉妒所蒙蔽，否則不但看不到自己與國家、社會的未來，對於世界，也是個災難。

不知不覺中，會客室裡的沙發與座椅，已坐滿了訪客，後來者只好安坐在地上，只不過，每個人都聽得津津有味，臉上都蕩漾著興奮的光彩。奧萊拉不好意思耽誤大家的時間，滿心歡喜地起身合十，將機會讓給下一位。

方才滿臉焦灼，急著想插嘴的，就是下一號克利斯。

克利斯是紐約華爾街一家上市公司的少東，他要求公司必須捐出固定的盈餘比例做為公益基金，才願意替公司效命。為此，他已在柬埔寨建造了一所兒童醫院，為當地的兒童提供醫療、飲水、公共衛生等資源。但他還是非常不安，因為長年處於動盪中的柬埔寨孩子，在精神上飽受創傷，需要更多的專業協助。偏偏他自己對當前的工作並不滿意，覺得壓力太大，就連身體都出現狀況。

聽了他一連串的煩惱後，師父直視克利斯的眼睛，鼓勵他道，家族事業可以交付信託，聘請專業人士來經營。如果家族不贊同，克利斯也不必認為沒有家族的支持，就做不了公益奉獻。只要是有益於大眾的事，自己也持續不懈地努力，終將有善因緣出現，助成事情往好的方向前行。

這個熱鬧的午後看診時間，訪客的門鈴聲始終不斷，就連「聯合國和平大學」的校長朱莉亞．馬頓，也領著四位朋友來訪。我仔細打量現場，一個二十坪左右的會客廳裡，來自美國、非洲、伊朗、日本、瑞典等多國的賓客，都準備著要向師父請益，簡直就像是一個聯合國的小型集會了。

艷陽由中午的霸氣，徐徐收斂，最終見好就收，將亮麗的光暈逐一退出街頭與樹梢，留下折射大樓的悵惘陰影，做為隔日再見的信物。街燈隨著夜幕靄靄低垂而盞盞點起，原來它們與室內的燈光早是舊識，彼此融洽與共、交相掩映，反倒讓滿室的賓客沒有意識到是日已過，該是起身告辭的時候，卻依然興致高昂地旁聽著師父對病人提點的忠告與診斷。師父的精神還可以，聲音卻已明顯沙啞。常濟法師數度想喊停，結束當天的「門診」，讓醫生喝水休息，無奈場內的氣氛太過熱烈，病人一波波的問題，此起彼落，完全欲罷不能。最終，還是主人迪娜察覺時間已晚，拍起手掌，當作是打烊的告示。師父笑了，雖然笑得有點乏力。師父向無法發問的來賓致歉，迪娜反倒安慰師父說，在座的每個人，都把師父既慈悲又智慧的開示，當作是針對自己的問題所提出的針貶。師父問大家，真是像迪娜所說的嗎？現場頓時響起一片熱烈的掌聲，人人都晶亮著雙眼、點著頭，紛紛雙手合十，感恩面前這位智慧無雙的妙手神醫。

天，全黑了，對著師父離去的座車揮了手，我與阿良步向地鐵站，結束當天所有的工作。剛好，碰到下班的尖峰時刻，不得不擠在人潮鑽動的地鐵裡；我一邊回味著師父一下午的智慧語串，一邊環顧、觀察著身邊的眾生相。搖動破舊的車廂，昏黃黯淡的燈光，斑駁移動的陰影，陳腐衰敗的氣味，將滿車廂裡一張張黃、白、黑的面孔，有如塗上了一層層無色膠漆，那些緊繃而無法放鬆的面具下，那些疲倦且無力的靈魂裡，是否也都鬱積累疊著無數糾結難解的心事？有多少人能夠找到良醫來救治自己？又有多少人希望像挪威畫家愛德華・孟克畫筆下的名作「吶喊」一樣，大聲狂吼的喊叫出聲音來：「如何安心？」

聖嚴師父說過：「當大眾至誠祈禱，願世界和平、社會安定、國家安全、人人安心之時，如果人類的觀念中沒有和平，如果人類的行為中，不能付出為和平而奉獻的努力，『和平』這個名詞，便只是一句空洞的口號。」

「我們從內心的觀念，到實際的行動，必須要跟我們祈禱的目標一致。如果我們的內心充滿了宗教、文化、政治、經濟、社會等各種族群，乃至各種個人的對立與矛盾，甚至個人內心也充滿了公益和私欲的衝突與混亂，便與我們的祈禱背道而馳了。」

「和平，要從我們的內心開始。當我們自己的內心是祥和的，則眼中所看到的世界也將是祥和的，即使外在的環境不平安，至少我們自己不會受到影響，或是至少我們自己不會去製造紛爭、動盪、不平和。只有當自己的內心安定、和平，我們周遭的人，也會跟著一起安定、和平。」

二〇二一年五月，臺灣的 COVID-19 疫情出現破口，偏安世界一角的島國，瞬間失去了方寸，像足了觸礁的郵輪。此時，我恰好身負要事，必須前往東京一趟。由臺灣到日本，這一路上，無論接觸到的是機場的服務人員、同機的旅客、每日來電查詢健康情況的公務員、乃至小七的店員等，都讓我內心的不安轉化成焦慮，除了懷疑每個擦肩而過的人，都可能是帶菌的傳播者外，甚至想像過無數次，如果我染病，會出現什麼樣的症狀？又會如何窒息而亡？

好在每日讀經念佛的日課，逐漸幫助我調整出日常該有的穩定節奏；也因為持續撰寫、修改這本書的文字，再三翻閱、檢視師父的睿智開示，我才對自己一度亂調的心緒有了大方向的檢討。原來，維持內心的祥和，以充滿慈悲與愛心的目光來接觸世間，才真的是讓心安定，擁有健康身心的不二法門啊！

我為你祝福

已故歌手鳳飛飛的一首〈祝你幸福〉，傳唱多年，相信也是許多歌迷在KTV必點的一首歌：「送你一份愛的禮物，我祝你幸福，無論你在何時，或是在何處，莫忘了我的祝福。」

替人祝福，真心切意；收到祝福的人當然倍感溫馨，送出祝福的人，一樣心花盛開。

每年農曆除夕，法鼓山「法華鐘一〇八響」的跨年撞鐘祈福活動，將眾生平安、世界和平的祝福，透過網路直播，傳送到世界各地，已成為許多人過年送舊迎新的衷心期待。

法華鐘是法鼓山世界佛教教育園區重要的景觀之一。法華鐘重達二十五噸，鐘體內外，鐫刻有《妙法蓮華經》一部及〈大悲咒〉一卷。此鐘的由來，當然也極其不易。

一開始，負責此一專案的施建昌、黃楚琪等聖嚴師父的弟子，遠赴中國大陸、臺灣、韓國、日本各地，參觀具有製作銅鐘經驗的公司，做出各種主客觀的評估。經過聖嚴師父與法鼓山僧團無數次的會議後，最後決議，委託位於日本富山縣高岡市，具有兩百年鑄鐘歷史的「老子次右衛門」製作公司，負責打造這口具有非凡意義的寶鐘。

聖嚴師父非常重視法華鐘，強調這是舉世新創的一口梵鐘，無論是禮敬法華鐘一拜，或是聽聞法華鐘的一響鐘聲，等於是拜了一部《法華經》。在法華鐘即將完成之前，師父還在百忙中，親自前往日本老子公司進行驗收的工作。

二〇〇五年的八月二十二日，聖嚴師父率領僧俗弟子三十餘人，搭機前往日本的關西機場。下機後，全體團員的托運行李都出關了，唯獨師父的行李不見蹤影。延誤了一小時後，只好將行李遺失之事交由航空公司處理，大隊人馬先行搭乘巴士，前往高岡市。偏偏等候的巴士，與我們認知的上車地點又有出入，在巴士站的月臺上，一輛輛準備前往他地的巴士，在原地噴吐出一團團黑灰色的廢氣，差點沒將我們師徒一行嗆暈了過去。

由關西機場到高岡市，高速公路要開上四、五個小時，由於預定抵達的時間已晚，我們便在一處休息站停留，順便吃些輕食。等到熱騰騰的烏龍麵一碗碗上桌（師父用的是隨身攜帶的便當），一位師兄大聲喝止道，先不要吃，這烏龍麵裡的湯是柴魚燉的，不是素的。擠在休息區的團員們霎時都被點了穴道似的，都不敢動了。師父卻於此時說話了：「都吃了吧！」

曾在日本留學的師父，知道日本人的飲食習慣，在日本人的認知裡，所謂的素食，與我們是有差距的，除非事前與餐廳做好完整的溝通。那個當下，如果將煮好的烏龍麵全都退掉，就算麵錢照付，也要傷了經營者的感情。而且，高速公路上，前不著村、後不搭店，再也沒有其他地方得以進食，如果不在此處稍進飲食，也就只好繼續餓著肚子了。

雖然日本與臺灣的距離並不遠，但萬萬沒有想到，下機後乘車趕路的時間比飛行更長，路程更遠。我們雖然搭乘的是當天上午的飛機，等到巴士抵達高岡市的新大谷飯店，竟已經過了晚上十點。我們拖著行李進入飯店時，每個人的臉上都難掩疲憊之色，更遑論是抱病的聖嚴師父了。來不及漱洗，我們依序魚貫進入餐廳取用早已備妥的晚飯時，已然是名符其實的宵夜時間。

不過，隔日一早，集合時間一到，師父就精神奕奕地出現在餐廳，陪同我們一起用餐，飯後，也利用簡短的時間做了開示。師父說，多年以來，他有一個夢想，發願要在法鼓山上，設置一座法華鐘，以收鐘鼓齊鳴的寓意，將《法華經》所示人人成佛的法音，傳遍三界，讓一切眾生都能獲得利益。這口法華鐘，不僅象徵著法鼓山僧俗四眾弘揚佛法的大願，也為後代子孫留下大好希望的心靈地標。眼看法鼓山落成開山的典禮已近，這趟日本高岡之行，就顯得更是重要。

飯後，我們就趕往老子製造所。首先，當然是有一場為新鑄法華鐘所舉行的祈福法會。隨後則是此行的重頭戲，師父要親自勘驗法華鐘。

我們由法會進行的會堂轉進到工廠，路很近，但剛好天空忽然下起雨來，這不就是名符其實的灑淨儀式嗎？或許是急著要看到傳聞已久的法華鐘，負責幫師父撐傘擋雨的我，一個不留神，竟然將傘尖刺到師父的頭了，這一驚，非同小可，好在師父並沒有怪罪。

原本，我們都以為，師父頂多是在鐘身四周繞上幾圈，了解一個大概，其他所有的細部要求，就交由負責的果懋法師與其他專業人士了。沒想到，師父在老子製造所員工的一陣驚呼聲中，跨上了架在鐘體周邊的鷹架，竟然一字一字地開始檢查、瀏覽。師父每指出某個字鐫刻得不夠凸顯，某兩個字之間的距離不夠理想……，老子公司的陪同人員就戰戰兢兢地做著筆記，誠惶誠恐，不敢有絲毫大意。我心想，這口梵鐘的裡裡外外鐫刻有七萬餘字，如果師父還要鑽進鐘內查看，恐怕花上大半天的工夫都不夠吧？

由於日本的幾個主要媒體，如ＮＨＫ、讀賣新聞、朝日新聞，已在現場守候許久，只為採訪聖嚴師父，為了不讓採訪時間一再拖延，師父只好叮嚀左右，一定要仔細巡查，不可輕忽大意才好。

午齋過後，我們僧俗一行轉至高岡市內具有三百餘年歷史的曹洞宗道場瑞龍寺參觀。瑞龍寺是座仿唐的古寺，不但古樸莊嚴，沿著走道兩旁布置的枯山水非常著名，由無數的白石子整潔無瑕的迤儷而成，甚是高雅清麗。我們在讚歎之餘，聽到師父提及，依照法鼓山原先的設計方案，也有枯山水的布陳，但為師父所否決。師父說，如果法鼓山日後也有枯山水，以臺灣東北部多雨潮濕的氣候，極其不易維護、照顧，反而容易藏汙納垢、野草叢生，此為否決的主要原因。

這趟行程，也讓我再次發現聖嚴師父的人生字典裡，一向不考慮的兩個字：「休息」。

馬不停蹄的行程中間，沒有任何的休止符出現。師父與我們一行，忙碌了一天後，搭乘了當晚七點的飛機，由富山機場飛赴東京。為何不是由關西機場飛回臺灣，而又去到東京呢？因為師父另有計畫。

師父要在停留東京僅僅的一天裡，設宴邀請五位嘉賓相見。

二十四日上午八時的早餐過後，我們在下榻的東京新大谷飯店，再次聽到師父暮鼓晨鐘的開示。師父叮囑，希望法鼓山這個團體，在哪個地方，隨時都是整潔的；也希望從法鼓山總本山到各地分支道場，都能夠落實環保，起碼要以日本為借鏡，做到如日本普通家庭的整潔程度。師父還特別提及，「媚日」或是「仇日」都不對，但我們要有客觀的「學日」精神，學習日本民情優質的一面。

依照是日的預定行程，早餐後，我們先去上野的東京博物館，參觀法隆寺寶物館的特展，返回飯店過午，下午再去淺草的觀音寺參訪。基於我對地理環境的認識，我向隨行的好友透露，此一行程有問題，巴士穿越交通壅塞的東京很費時間，上野與淺草極近，應該把行程先走完，回到飯店吃完中飯，可以讓師父與團員喘一口氣，休息一下。朋友要我向領隊反應，領隊表示，一時要更動行程有些麻煩。友人又勸我直接向師父報告，相信師父肯定會贊成的。果然，師父同意更改行程。

我很清楚，我的出頭，惹來行政人員的一陣忙亂，說不定還招來許多埋怨。不過，只要想到師父可以在飯店裡好好睡個午覺，緩解一下緊湊行程所帶來的疲勞，我又覺得，此一壞人，絕對值得做，就算被當成惹人嫌的烏鴉，我還是樂在其中，呱呱地多啼上幾聲。

師父午飯後在飯店得到充分的歇息後，整個人的精氣神果然都不一樣，就連眼神都是晶亮著。我趁機透過法師求請師父，針對這趟行程，想幫師父錄製一段訪問，師父也立即應允。師父在訪問中指出，《法華經》對漢傳佛教有重大意義，因此法鼓山上法華鐘的設立，其意義就更是凸顯……。

當晚，在東京品川王子飯店，師父宴請了立正大學佛教學部的三友健容教授、曹洞宗圓通寺東堂佐藤達玄教授、立正大學佛教學部部長北川前肇博士、釀界通信社首都圈之局長山口晃一先生、山喜房佛書出版社淺地康平先生等人。會中，師父當眾宣布，為了感恩母校的栽培，要捐贈五十萬美金給立正大學，充作來自中國大陸、臺灣、東南亞、印度等亞洲留學生的獎學金之用。師父並且幽默地說，本來想湊出一百萬美金，但是信眾供養給他的「零用金」就只有這些了，一席話讓在座的來賓當場爆出熱烈的掌聲。原來，這才是師父馬不停蹄的由富山飛來東京的主要目的；原來，無論何時何處，師父的一言一行，都在做我們的表率，讓我們可以從中體悟出，為後人種植福田，以實際行動為他人祝福，就是不忘本、不忘初心的菩薩行。

晚宴結束後，師父此行的任務算是圓滿了。受到師父啟發甚多的施建昌師兄叮囑我，在座的兩位貴賓，三友健容教授與佐藤教授，都是師父重要的友人，而且年歲已大，希望我能代表師父，叫輛計程車，親自護送遠住埼玉縣的兩位長者，安全返家。就在飯店的門口，師父也親自目送兩位摯友的離開；能夠榮膺此一任務，我當然極為歡喜。沿途，兩位貴賓不住的聊及聖嚴師父的種種，更是關切師父的身體。他倆對師父的滿心祝福與讚歎，我都代為接了個滿缽滿懷。同樣的，我也在兩位長輩下車時，不忘獻上我對他倆的祝福。

師父再次以身教教導我們，何謂「飲水思源」，何謂「鞠躬盡瘁」。

師父一生，心心念念都在思考如何利益眾生，如何成就每一個需要關懷的眾生。

如今，師父的色身雖已遠去，留下的法寶卻是彌足珍貴，這也是師父留給後世的無盡期許，也是無盡的祝福。

十分難得的，聖嚴師父曾寫過一首〈我為你祝福〉的歌詞，多年來一直在信眾間傳唱，幾乎每個人都能唱上幾句。

「逢人便說我為你祝福，祈禱人人平安快樂，隨時不忘我為你祝福，祝你時時增慧又增福。心中常念我為你祝福，口中常說我為你祝福，人人平安又快樂，世界和平又幸福；逢人便說我為你祝福，隨時不忘我為你祝福，人人平安又快樂，世界和平又幸福。」

祝福，就是分享，就是敞開心量。師父也曾說：「如果把心胸打開，見到任何人、到任何場合，參與任何一個團體，都抱著我來奉獻、我來報恩的心態，就會覺得很快樂，因為快樂、幸福和成長，都是從關懷社會、服務大眾、奉獻人群之中完成的。」

祝福，就是盞永不熄滅的燈火。

當你遞出這盞燈，照亮了他人，

你自己也跟著被點亮了。

有一回，在紐約的東初禪寺門口，我已經上了友人的車子，準備前往機場，師父還是開了大門，出來揮手道別。開車的老大哥是位虔誠的基督徒，就連他都被師父的行誼感動了，他拍拍我的肩膀說道：「阿斗啊！你真有福氣，有位這麼傑出又虛懷若谷的師父可以親近學習，連我都羨慕你。」

是的，師父雖然已經圓寂多年，但是我真有福氣，還能藉由與師父結緣的《點燈》節目，繼續對觀眾傳播著希望，也傳遞著滿心的祝福。

輯四

度——Do

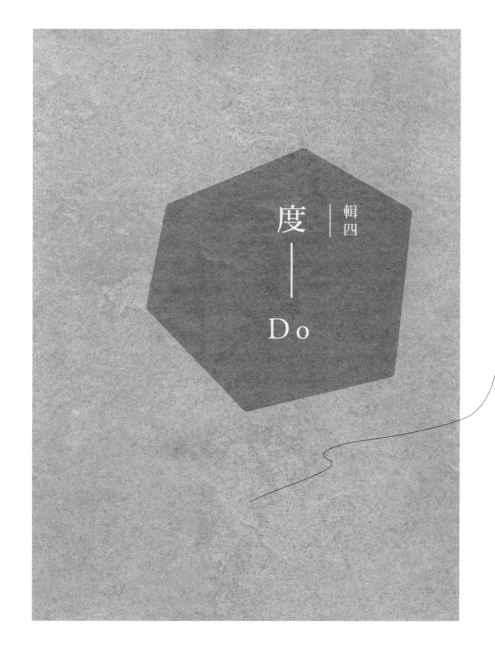

第29條

度

我自小立志要從事影視工作，雖然一度投身在新聞採訪的領域中，卻也始終不曾遠離過影視行業。

等到辭去新聞工作，結束了旅居日本的生活，回到臺灣，理所當然地就進入了製作電視節目的行當裡。

一開始，當編劇、寫劇本倒也單純，後來一償宿願，製作了《點燈》節目不說，也開始涉足電視劇的規畫與製作。等到有些成品得到業界不錯的反映後，隨即誤觸了我對戲劇熱愛的大爆發，因而錯認為自己有能力在電視劇的市場上揚名立萬。

如今回首，我的膽子還真是夠大，雖說我一生拒賭，連麻將都不願學，但卻換了個模式，成為膽大妄為、一意孤行的賭徒。業界的人士都很清楚，凡是有能力製作電視劇者，不但需要有雄厚的資金以及調度金錢的實力做為後盾，與電視臺高層的關係也必須如膠似漆，在人際關係的往返上（尤其是買賣影片的專業人士），更要有能力長袖善舞；而我，幾乎不具備上述的任何條件。

聖嚴師父於二〇〇五年四月二十四日開始的中國大陸學術之旅，以北京為首站，繼而南下南京，再到廣州，我事前答應師父，一定隨行。其實，在此之前，因為在大陸拍攝連續劇工作的影響，不要說是為師父製作的訪談節目《不一樣的聲音》，經常要向師父告假，轉由公司的同仁負責；就連師父於一九九八年與達賴喇嘛在紐約進行的漢藏佛學對談，我也臨陣缺席，所有的記錄工作，全都假手於公司同仁完成。

師父對我始終是包容的，只要我一通電話向師父告假，師父絕對不會為難我，不但立即同意，還附帶濃郁的祝福，祝福我在大陸的工作順利圓滿。

就在這一趟學術之旅啟程前，另外還有一個海南觀音灑淨的活動，師父接受了主辦單位的邀請。當我收到通知時，正好在廈門忙碌，一檔連續劇如火如荼地籌備著。我要與編劇一同修改大綱與劇本的同時，還要徵聘劇組裡上百位的工作人員，另外也得不時地飛去上海，與資方開會；其他勘景、製作服裝道具等諸多事項，幾乎塞滿了每天的每分每秒。就在我一個頭三個大，如八爪魚般，狼狽地處理這如許繁雜的事物時，師父居然主動告知，海南島行程沒有特別的記錄性，我可以不用跟隨。這真是個天大的好消息，我唯有感念師父的體恤與諒解。事後猜測，一定是有善心人士向師父通風報信，告知師父我當時的難處，師父才慈悲地大手一揮，免了我的參與。

等到北京行的日期逐漸接近，我的混亂狀況不見任何改善不說，除了諸事倥傯、難以順平，還得趕著飛往雲南的大理勘景。這還不打緊，劇組的幹部已有聲音傳出，認為領軍之人，怎可放下所有，只為追隨著師父？我每晚誦經迴向給劇組，期望佛菩薩加持，讓我緩得過來這口氣。終於，製片主任被我打動，他告訴我，劇本還在整修中，如果開拍的時間延後十天左右，應該是最好的決定。我當下大喜，立刻拍板，延後開工。

我於二十四日當天，由大理飛昆明，再轉飛北京，與師父的行程，做了完美的接軌。

集合的當天晚上，我們在師父下榻的北京大學帕卡德學者公寓會面。師父反倒先來安慰我們對他老人家身體的擔心，說是提前由海南島抵達北京，看了一位有名的中醫，中醫誇讚師父的骨質很好，沒有疏鬆，只要留意腎與肝的防護就好。然後，師父也分享了海南島三亞之行，有關南海觀音菩薩開光的諸多見聞與心得。看見師父的精神很好，我們都很歡喜，直到夜深了，我們才起身告辭。離開公寓後，幾位隨行的師兄姊彼此叮嚀好好休息，隔天上午九點就在此處會合。我卻於此刻發現我的兩條腿好似已不是自己的，不但綁了數十公斤的鉛塊，就連眼睛都有點睜不開。我跟攝影師阿良說，如果我們住宿的北大招待所就在附近，不用再走一、二十分鐘，該有多好。

隔天上午，起床上廁所時，我看看手錶才七點多，睡在隔壁的阿良已經吃完早飯，開了床頭的檯燈在看書。我正想繼續補眠，忽然聽到有人敲門，原來是師兄來催駕了。我一驚，居然發現手錶停了，阿良說，已經九點十分。我怪他為何沒有叫我，他卻以為通告的時間改了。我們火速衝出招待所，等到趕至集合處，已經活生生慢了三十分鐘，師父與將近二十位來賓，顯然已在公寓的門口久候多時。

我急著向師父與大家鞠躬道歉，連頭都抬不起來。師父緩緩走到我面前，輕聲細語說重話：「難道你們影視界的從業人員都可以遲到？」說完，師父與眾人就開步向前走去。那個當下，我彷彿又回到當年那個做錯事的小男生，極度窘迫與羞愧，不但身體內的血液都流竄到臉上與頭部，更是恨不得當場挖一個地洞，把頭鑽進洞裡。

我的手機於此時不斷灌進各種信息不說，電話更是一通一通的進來，劇組所有的疑難雜症一下子全都湧到，要我立刻解決。等到好不容易處理到一個段落，一抬頭，師父等人的身影已然全部消失，只見未名湖畔低頭受風的楊柳，不停地搖著頭，不停地數落我遲到的不是。

我心想，慘了！無故不見身影，師父等下又要責罵我了！

本想追上前去，火速歸隊，但是北大的腹地何其廣大，我又該如何去尋找師父等人的下落？於是退而求其次，決定站在公寓的門口，師父一行總得回來休息的。

果不其然，過了一陣，師父與隨行者，沿著未名湖彼端的山丘出現，他們慢慢地下坡，沿著湖邊的小道走著、看著。我快步繞道上前，打算與他們悄悄地會合，心中默禱、念著觀世音菩薩的聖號，期待眾人最好都神不知、鬼不覺我的一時缺席，最好連師父都不知道我曾經失蹤過。奈何師父還是盯上了我，刻意問我，剛才跑到哪裡去了？我吱吱嗚嗚地，只說是忙著與劇組聯絡。好在北大派出的嚮導替我解了圍，他一開口解說景物與歷史，眾人的注意力就又轉回到他的身上。

一個小彎，眾人來到湖心處，一座石舫停在湖上。一個箭步，師父率先跨上了船，眾人都留在岸邊上，為師父拍照。我的心頭依然揪得緊，還在生著悶氣，責怪自己的遲到，惹來當眾被師父教訓的霉頭。忽然，師父朝著我說道；「來啊！阿斗上船來，師父度你去彼岸！」一瞬間，我傻了，一時進退失據，呆立在原處，不知如何反應才好。幸好同行的師兄們都很慈悲，幾人同時推著我，一把將我推上了船。

眾目睽睽之下，上船的我，連手腳如何擺放都不知道，加上師父的此一「點召」，讓我更是羞愧，眼淚倏然湧上，模糊了雙眼，只能趕緊撇過頭，不敢看師父。師父卻是知道我的，為了給我臺階下，師父指著船側的水域說著：「這裡有好多魚喔，阿斗，還有你們大家，都趕緊過來看。」一眾人這才紛紛地上船，集合到師父的身邊去看水中的魚群。失態的我，總算又鬆了口氣，默默地做了幾次深呼吸，慢慢地撫平了激動晃盪的情緒。

師父返回公寓休息後，同行的師兄們都紛紛過來拍我的頭、撫我的肩，讚歎我具有殊勝因緣，居然在大庭廣眾下，得到師父如此大的關照，要度我到彼岸，這是任何人都可遇卻不可求的大福報。他們不說還好，說了讓我更加糾結，我只在意那顆碎了一地的玻璃心，如何拾撮都還原不到一起。我倒是寧願沒有遲到，沒有在眾人面前，遭到師父如此鞭辟辛辣的教訓。

時隔多年後，我也重新檢視了自己莫名蠢動的虛榮與尷尬的自卑。

我承認，我的內在存有某種劣等意識，我一直暗自羨慕許多事業有成的師兄們，可以實際行動護持法鼓山、供養師父。同樣的，我也希望自己的事業見到更大的光彩，讓師父覺著跟著自己的這個弟子倒也成材，沒有讓師父看走眼。如果真有那麼一天，無論我跟著師父去到哪個國家，只要一發現師父的食宿交通太過簡陋，甚至吃苦，我就可立刻出手，轉訂飯店或較好的環境，讓身體不好的師父可以稍微鬆緩些。就算是哪個國度的學佛團體，有了經濟上的需求，我也可以默默地將一疊美金塞給師父，請師父鼓勵他們，持續於各地宣揚漢傳禪佛法……。

我的這場春秋大夢，終是不曾開花結果，充其量只是一廂情願，不切實際的白日夢罷了！我在大陸製作的第一檔連續劇，就慘賠新臺幣一千五百萬，連父母住的房子都被我為了還債而拿去銀行抵押（好在後來又努力贖回來）。接著下來的一檔戲，總算將賠出的紅字給補了回來；但後續的戲，該賺的沒賺到，也幸好沒有再賠，其結局，充其量只是空花水月一場，徒勞無功也。

沒過多久，師父的體力與健康真的更差了，過了二〇〇六年，所有的海外行程全數取消。自此，師父晚年的行程，我極少參與，頂多也是在眾人的集會上，遠遠看著師父略顯浮腫的臉龐，以及日漸瘦痾的背脊。

我也終於體認，由於自己缺乏主、客觀的各種條件，難以馳騁於製作電視劇這條既複雜又崎嶇的不歸路，一切與虛名、銀錢有關的遊戲，對我來說都是注定敗亡的場場肉搏戰。既然如此，我就安身立命於專心製作《點燈》節目。因為這個節目，讓聖嚴師父與我締結了此生難得的師徒之緣；因為這個節目，我才得以真正去開拓、去照亮那些曾經迷惘、踟躕的人們的人生道路啊！

我的醒悟雖然遲了、晚了，但在關鍵時刻，得以及時覺察，沒有繼續豪賭下去，未嘗不是師父給我的及時棒喝與關鍵的度化啊！

行過以後

聖嚴師父說過：「『度』的意思，是從煩惱的苦海到達解脫的涅槃。不僅是度眾生，還要度自己，是自度度人、自利利他，不但讓自己的煩惱不再生起，也讓他人沒有煩惱。」

法鼓山有個禪修活動，稱為「自我超越禪修營」，這裡所講的超越，也是「度」的意思。師父說：「要自我超越，就要常常否定自己：今天的自己否定昨天的自己，今天建立起來的觀念，到了明天就要再超越它，不斷地檢討，再重新出發。」

「通常『自我』是很不容易超越的。自我是從一出生開始，甚至包含過去世的生命經驗所累積而成，一旦養成後，往往就不容易改變，而形成『習性』」。

「超越自我的價值觀、思考模式，以及自我的判斷、立場。超越以後才會自由自在，否則會愈走愈狹窄，最後走進死胡同裡。」

師父既然辛勞一生的度化我們，我們也該盡其在我的超越自己、檢討自己，並且在失敗後練習重新出發。

我不會將過去生活的磕絆，歸納於消沉的人生觀。我不認為自己是消沉的，只不過觀念的偏差，讓我在行走此生的路途上，曾經迷失於一所晦暗不明、機關重重的叉口，繼而拐進到不適合我的小徑。正如《地藏經》中的一段經文所述：「自是閻浮眾生結惡習重，旋出旋入，勞斯菩薩久經劫數而做度脫。譬如有人迷失本家，誤入險道……。」如今，既然有了聖嚴師父苦心度化的殊勝因緣，一旦遇到險阻，就如同碎石子偶爾會跳蹦進鞋子裡，雖然有點刺痛，造成顛簸，只要停下腳步，取出鞋裡磕腳的石子，不就又能歡天喜地重返於正道，持續無誤地向前邁進了？

第30條

和平是高過一切的消息

在我還是孩童的民國四〇、五〇年代，金馬前線與大陸敵視對峙著，加上「八二三」砲戰的洗禮，臺灣本島與前線一樣，始終處於緊張狀態。我還記得小學老師要我們每人寫一封信，寄到前線，去鼓舞、感謝保家衛國的英勇將士們。而後，包括我與幾位同班同學，都收到了前線將士寄來的回信，英勇的將士不但感謝我們的激勵，也反過來為我們打氣，要我們好好讀書，長大後也能報效國家，捍衛家園。沒有接到回信的同學，都很羨慕，紛紛將信借去，再三詳讀。

眷村裡，一到夏日的夜晚，家家戶戶都在院子裡乘涼，大人輪流說著抗日與國共內戰中，戰爭與逃難的經歷，孩子們都是死忠的聽眾，就算尿急了，都捨不得離開。那種生死一線、朝不保夕、沒有家國的危困絕境，每每聽得全身起雞皮疙瘩，還猛打寒顫。

在我那小小腦袋裡，尚且無法體會何謂「一寸山河一寸血」，但是我知道，發生戰爭，就是沒有和平，隨時都有可能失去父母，就算自己的小命都難保。當然，在戰爭現場或是撤退的路上，肚子餓到挖草根吃的慘劇，也長時間在我的腦際穿梭。那究竟是個如何恐怖、如何失血的要命年代啊？

我非常清楚，所謂的和平，就是每天可以帶便當上學，每天有家可回，每天可以見到父母姊妹，每天會被母親K腦袋……。眷村的大姊姊帶領我們去教堂領糖果做禮拜，我都會祈禱，希望我們的國家永遠不要打仗，希望我們的家園永遠和平無難。

逐漸長大後，我發現，如果有心尋找，其實和平距離我們很近，和平順手可摘，和平就在安眠的枕間；只不過，烽火並沒有一刻自這個世界消失過。

二〇二一年的初夏，COVID-19在歐美的勢頭，雖然因為疫苗的廣為接種而暫時有所降低，但是在亞洲、印度、南美等地，變種病毒還是橫掃各處，生靈塗炭、不止不休。適巧，互為世仇的以色列與巴勒斯坦也在此一躁鬱時刻，再次爆發衝突。政治人物的嘴臉依舊蠻橫兇惡，可憐的是面對死亡威脅的無數升斗小民，活得卑微，死得冤枉。因此，將以色列與巴勒斯坦形容為瞋恚之國，應該也不為過。只不過，兩個世仇的領導人，若只有政治與世仇的考量，或許也是一種難以除滅的悲劇病毒吧。

二〇〇三年的十二月八日起，我竟然也有因緣跟隨著聖嚴師父，去到多年來始終是瀰漫著對立仇恨的滿天烏雲，至今依然無從消散的以色列與巴勒斯坦行走一遭。

我與攝影師阿良先到紐約，拍攝了聖嚴師父的禪修開示，再與師父、常濟法師、果耀法師及翻譯李世娟等一行，由紐約搭機，經蘇黎世轉機，飛往以色列的首都特拉維夫。後來每次進入美國國境，審查入境手續的官員，都要在我的護照上找麻煩，問我為何去過以色列？

彼時，以色列的街頭經常出現「人肉炸彈」的恐怖襲擊，這是瞋恚心發揮到極致的報復行動，真乃是玉石俱焚的無差別戰爭。難怪師父會說，此行是「明知山有虎，偏向虎山行」。

當時，師父是以世界宗教領袖理事會理事的身分，偕同二十幾位世界不同宗教的領袖，實地去聽取不同種族、不同宗教（教派）的聲音，希望能在紛爭中，為當地的居民們尋獲到和平與平安的消息。

果然，飛機才一落地，就算以色列外交部派有專人接待，我們在審查簽證的關卡就遭到了刁難。他們先後換上兩、三組人員，輪流盤問我們此行的目的，並拿著我們來自臺灣、美國、加拿大、香港的護照，丟出了無數個大大小小的問號（師父還持有主辦單位發出的正式邀請函）。僅僅在此關卡，就耗費了四十分鐘，害我差點要淌鼻血，雖然審查員最終還是讓我們入境了。

同樣的遭遇，也發生在八天後的離境手續上；我們照樣又被審查官再三刁難不說，所有的行李，全都被敞開，就連師父的換洗衣服，果耀法師攜帶的廚具，都被一一取出查驗。縱然師父很有智慧，叮囑我們，要提早四個小時前往機場，卻還是折騰了許久許久，等到我們終於掙脫官員的貼身檢查，幾乎是以小跑步的速度，才趕到登機口，差點沒能搭上飛機。

抵達以色列首都特拉維夫的第一個正式活動，就是砲聲隆隆、煙硝味十足的猶太與阿拉伯婦女領袖座談會。她們針鋒相對，寸步不讓，我雖然聽不太懂她們的英文（在下的英文本來就不好），但是每位發言者的銳利眼神，以及盤踞於四周的肅煞之氣，真教人喘不過氣來。

好不容易，坐於首座的聖嚴師父可以開口了。開宗明義，師父就說，世界的每次戰爭，多半是由男性所挑起，相形之下，女性為了世界和平所做的努力，就更是令人尊敬了。師父繼續說道，這次的中東之行，各宗教領袖當然希望雙方得以伸出溫暖的手，先做朋友，明白彼此心中在想著什麼。師父說，剛才聽到兩位巴勒斯坦女性的憤怒之聲，以及以色列婦女的勃然反駁，都可以完全理解她們的立場。只不過，既然雙方如此痛苦，又為何要像在獨木橋上相遇的兩個人，彼此不退讓，非得要兩敗俱傷，鬧到同時墜到橋下才罷休？如果一方能夠運用智慧，稍作退讓，化解眼前的危機，並不意味著率先退讓者，最終仍會吃虧啊！

師父擲地有聲的發言結束後，現場沒有掌聲，反倒是寧靜到一根針落地都有聲響般，與方才火爆熾烈的空氣完全不同。師父合十於胸前的雙掌並沒有放下來，他老人家以悲憫的神情，環顧著全場，如同面對手足紛爭的大家長，苦口婆心勸導後，盼望著手足間得以放下瞋恚，拔除敵意，恢復情誼。我也跟著觀察著那原本在兒女面前柔情萬丈、和暖如春風，此刻卻箭弩拔張，青筋暴露，狀如捕獵母獸的一張張扭曲、猙獰的顏面；慢慢地、悄悄地，她們無聲無息地，漸次冷靜了下來。之前寒若冰霜、殺氣霸凌的臉部橫豎線條，在咀嚼了師父的勸導後，逐漸有了舒緩、融解的眉目。

滯留以色列的最後一個白天，我們通過封鎖線，進入巴勒斯坦自治區。邊界的檢查崗哨站上，布滿了荷負有真槍實彈的以色列軍人，他們虎視眈眈地檢視我們每個坐在車裡的人，那種如鷹犬般的冷酷眼神，還真是讓人不寒而慄。

師父在巴勒斯坦行政長官辦公室，會見了當時巴勒斯坦的總理柯瑞。

師父面對柯瑞慨言道，這趟宗教領袖的到訪，希望能為以、巴雙方的認知做為溝通的橋梁。師父深信，所有的人類都渴望和平，只不過和平要從內心開始做起，若因自私或是欠缺安全感等各種因素，而訴求和平，反倒使得和平成為空洞的口號。師父強調，宗教之間不會有問題，但願政治人物能夠一聽宗教人士的建議，從而改變想法，拋棄我執的成見，為生靈的安危多做思考與反省。

師父舉例，在猶太人眼中，聖地是上帝所賜，尤其是屯墾區的猶太人。而在巴勒斯坦人的認知裡，這也是他們列祖列宗傳下來的國土，當然不可失去。師父說，任何宗教的教義，如果與人類的和平有所抵觸，其教義就有重新解讀的必要。柯瑞總理好像聽進去了，散會後，他還特別託人向聖嚴師父致意。

同樣的，與以色列內閣閣員的對話中，師父指出，他在紐約曾聽到一位穆斯林學者談起，穆斯林所謂的「聖戰」，是指戰勝自己心中的邪惡，但是這趟在以色列，倒是聽到一位當地婦女說，誰搶了她的土地，就要採取對抗，這就是「聖戰」。師父表示，他相信「聖戰」應該是戰勝個人心中的邪惡與自私，並且說道，我們要對具有恐怖主義傾向的激進者或是組織，伸出溫暖的手，與他們做朋友，或許一些極端分子在短期內無法改變，但假以時日後，還是會產生影響。

師父的精闢見解，讓以色列總統的宗教特別顧問非常受用，他再次要求另找時間與師父深談，並希望日後能有機會前往紐約象岡道場參訪，再向師父當面請益。

在以色列停留的八天裡，為了奔波，我們經常錯過用餐的時間，往往是兵疲馬困，飢腸轆轆地返回飯店。有一回，自中午開始的會議，主辦單位說是備有午餐，但直到晚餐時間，午餐尚且無蹤無影，把我們餓到金星滿天飛，就連帶有便當的師父，也無法抽空用餐。照理說，我們每晚都會在師父的房間開會，但有兩回，一返回飯店，師父就趕著我們去用餐，擔心我們要餓壞了。

有一天，拜會結束後，我們在特拉維夫的街頭，等候來迎的座車。馬路對面兩位抱著孩子的猶太婦女，對著我們指手畫腳後，穿過了馬路，來到師父面前，她們禮貌地請示師父，可以請教一個問題嗎？師父善意的點頭。她們詢問師父，為何她們的宗教無法像佛教一樣，帶給信眾和平的內心與生活？師父回答道，其實她們的宗教肯定是強調和平的，只是後人因為政治或是其他目的，做了不同的解讀。聽完師父的解說後，我們的車子來了，滿臉愁雲的兩位婦人只好向師父稱謝，無法再持續與師父對話。當車子移動後，我回頭再看了一眼那兩位母親，我想，她們最為擔心的，還是強褓中孩子的未來吧！

就在伯利恆，那條耶穌走過的苦路上，我央請師父為《不一樣的聲音》節目取景。當時，師父的健康已經亮起紅燈，但為了節目的需要，師父低著頭，一步步地行走在苦路的坡道上，一次不夠，又請師父再走一趟。我站在遠處，看著師父微微駝著的背，以及往下癱軟著的肩，那一無言可喻的肢體反應，顯然已嚴重超越了原先該有的負擔，其中，肯定也滿載了此行所強烈接收到的眾生之苦。

行過以後

聖嚴師父說過：「任何宗教的產生，自有其文化背景，如地區背景和民族背景等，因此而有不同的宗教理論和觀念。但是，所有宗教的目的和功能，都是為了保護人類永久的平安、快樂與幸福，這是所有宗教共同的價值。」

「站在宗教領袖的立場，慈悲和博愛，乃是絕對的真理，正義及和平，不可能分離，如果為了主持正義、崇拜真理，而訴之於暴力及恐怖的行為，那都是必須接受勸阻的，也是應該受到譴責的。」

「動用武力，也許會有暫時的震懾作用，永久和平的基礎卻必然要建築在對等的尊重及相互的寬容之上，不僅是互惠互利，甚至要做不求回饋的布施，要做無條件的奉獻。在全心的布施及全力的奉獻中，自己必然生產得最多，成長得最快，也最強大，所以也是徹底消弭暴力及恐怖事件的最好辦法。」

走過戰亂，親眼目睹過戰爭的殘酷與生靈的死難，聖嚴師父對於和平的體認，肯定是刻骨銘心的。「對等的尊重、相互的寬容」，必然是身為宗教家的師父，對於維護和平至為冷靜又客觀的見解。

以色列這個國家，很難一言道盡；同樣的，阿拉伯世界，也不是一眼可以看得透。那塊衝突不斷的土地上，終年上演著對立與廝殺的行動劇，可憐的是永不安心的無辜眾生。同樣的，此刻美國與中國大陸的對抗，擺明的也是要以二分法，將世界各國的安危席捲進去，此一對立若是持續演變，一個不小心，產生的嚴重後果，或許要凌駕於以阿之間的衝突之上。

上至國與國、民族之間的對立紛爭，下至人與人的猜忌互鬥，總是會有難以駕馭的迸射砲火，禍及無辜。人們彷彿永遠不會信取歷史的教訓，沒有將「和平」豎立為高過一切的經世大纛，只是愚昧的作繭自縛，害人害己。

第31條

對生命的承諾與回聲

「往昔所造諸惡業，皆由無始貪瞋癡，由身語意之所生，今對佛前求懺悔。」

每回參加各種拜懺活動或是在寺院做晚課，一唱誦到這段懺悔文，心頭都會翻江倒海地激動莫名。隨著反覆唱誦及淚水的氾流，過往造下的罪愆，彷彿都得到法水的滌清，原先堵塞著的沉重悔懺，漸次輕鬆沉澱了下來。事後，也總是慶幸可以在佛前五體投地的懺悔認錯，我多麼希望，認錯且懺悔後的我，真的能如出生的小嬰兒，只有單純和淨，沒有複雜塵泥。

人在一生中，不斷地犯錯，大大小小的錯，或是傷害了他人，或是連累了自己。有的人明知是錯了，卻不願認錯，只顧著推諉給別人，強辯與己無關。曾經，我也深陷在知錯不改，掙扎於良知與慢心拉鋸中的泥塘裡。所幸有了機會跟隨聖嚴師父學佛，終於體會到師父說的那句：「有錯可犯是菩薩，無錯可犯是外道。」是多麼的切中人性。沒錯！知道錯了，就趕緊懺悔反省，告訴自己，下回不要再犯同樣的錯誤。

一九九五年的春天，我第一次追隨師父，前往紐約與英國的威爾斯弘法，將記錄下來的資料，剪輯成為《四海慈悲行》的紀錄片。

事隔多年，有一回在紐約的象岡道場，師父叮囑我，應該著手將後續拍攝的素材，重新整理，賦予《四海慈悲行》嶄新的面貌，我當然立刻稱好。

誰知道，那一聲好，隨即被我的怠惰心給密封，深藏在沒有意識的封疆裡，從此與我再無關係。那段時日，我追逐的是事業成功的幻影，錢財滿盈的虛無，我對任何一人的承諾，都凌駕於應允過師父的。不過話說回來，我並非刻意遺忘師父的叮囑，只是，沉浮在漫不經心的塵世裡，狀似無重量的外太空，那一得過且過的顢頇，才是取得無煩無憂假象的任意門。

二〇〇六年，師父最後一次前往紐約，同樣也是在象岡道場。一個破曉的清晨，天很冷，起床後，漱洗完畢，我正準備去禪堂做早課，剛一推開男寮的大門，把冬衣穿戴密實的聖嚴師父，剛好站在門口。原來師父起得更早，已在象岡冷颯霜寒的秋風中，巡視著象岡的四周。師父終究還是那位盡職盡分的老園丁，哪怕老病相侵，還是要檢視園裡的樹苗，是否已縛上過冬的稻草外衣。很自然的，我陪著師父看完男寮後，又繼續走著，還繞到廚房去關懷半夜就起床忙碌的義工們。

師父的步伐跨得很慢，狀似無力，我幾次想伸手去扶持師父，可是我沒有，下意識裡，我把師父當成了脆弱的陶瓷，好像一個不當心就要碰碎。走了一小段路後，師父忽然又提醒我，有空該重新編輯《四海慈悲行》的內容。我的心中當場吭噌的發出巨響，立刻向師父懺悔，真是忘了此事。師父沒有責備我，還替我找了理由，說是我太忙，事情太多。我立刻重新許下諾言，一旦回到臺灣，一定就著手進行。

結果？哎！前後兩次，我都犯了同樣的低級錯誤，將答應師父的事，當成了象罔不曾停歇的朔風，快速無痕地穿越過禪堂上空的藍天，消失在湖面漣漪滾滾的接縫裡。一直拖到師父圓寂四個月後，睡夢中見到師父，我才愕然驚醒，察覺到自己的渾渾噩噩，居然誤了大事，這下該如何補救才好？

隔日，立馬打了電話給法鼓文化的編輯總監果賢法師。一聽到我的陳述，果賢法師也說，剛好也想找我，希望能一起做點事情。很快地，企畫會議就在法鼓文化的辦公室召開，我當場應允，會盡快完成一份企畫書，爭取在最快的時間裡，為新版的《四海慈悲行》提出具體方案。

閉門造車的過程裡，我草擬了幾個節目名稱，反覆推敲後，暫定《他的身影》為節目的總題。

十多年來，每年春、秋兩季，追隨聖嚴師父行腳海外，令我印象至為深刻的就是師父的身影。往往，師父累了、病了，但是時間一到，師父不見任何遲疑與猶豫，硬是拚了老命地上了臺，抓起麥克風，就春風化雨的將甘露遍灑臺下無數的眾生。師父其實就是超人的化身，一旦面對臺下求法若渴的大眾，師父會立刻將病苦與不適收藏進僧袍的內裡，一個華麗的轉身，立馬變成一個精力旺盛、神情抖擻、誨人不倦的大法師，不但風趣幽默、學貫中西古今，還總是生動地歡喜了、感動了臺下的聽眾。我經常站在臺下的某一個角落，看著聽眾們全神投入於師父講演的神采裡，跟著讚歎，跟著大笑，跟著落淚。沒錯！真正讓我動容的，就是師父為法忘軀的身影。

我很快地提出企畫案，更是快速完成了一集樣帶。

我有點忐忑，帶著成品，前往臺北安和路的法鼓山安和分院會議室，接受果賢法師以及臨時組成的審核委員審視，成員有滾石唱片的段鍾沂董事長、年代電視的鍾明秋執行董事、廣告行銷高手陳韋仲等。二十幾分鐘的影片很快的就播完，我環視每位委員的表情，發現他們都極力在隱忍著，隱忍著說出一些讓我下不了臺的評語。我心想，慘了，這下肯定是砸鍋了。

終於，委員們開始發言。他們都很客氣，繞來繞去，擺明了就是不想讓我難堪，還特地挑選了一些柔軟語，給了我一些不著邊際的建議。老實說，我有些矇，猜不出他們的真正用意，更不知道下一步該如何起腳才好。還好，段董事長終是忍不住，直接挑明了，他說，此刻要製作的影片，顯然是聖嚴師父圓寂後最新的作品，無論對內對外，都要讓所有法鼓山的信眾，乃至於非佛教徒的觀眾都能受用、都能感動，是故，所有教條式的敘事風格都該迴避，造神的念頭更不該有。他甚至指出，也不必再找什麼主持人來串場，那都要隔上一層，他指著我說：「阿斗跟隨師父這麼多年，師父在海外弘法所面臨的辛勞與艱苦，你是當然的見證者；況且沿途發生多少有趣及深刻的故事，也只有你最清楚。」他建議，由我來擔任主持人，會比任何人都有說服力。

會議很快地結束，委員們認為我擬定的《他的身影》這個節目名稱非常合適，非常客觀，也很有想像空間，還鼓勵我如實地加速進行。其實我非常抗拒由幕後轉進到幕前，對我來說，會是很大的包袱與考驗。如果表現不錯，那是應該的，若是不理想，一定有很多人笑話，那又何必？我在臨時動議時還想翻盤，但顯然無法說服委員們，他們紛紛站起離座，一切似乎都成了定局。

與果賢法師研商後，我提出人員調配的構想，希望法鼓文化能夠支援我一些人力。譬如當過師父隨行記錄的胡麗桂師姊，另外，我也想邀請曾經協助師父口述記錄的姚世莊、李青苑等人加入團隊。果賢法師立刻大氣地同意，並且要我不必擔心製作費的出處，她會向當時的法鼓山方丈果東法師提報。

瞬間，東風注滿了即將啟航的船帆。這幾位新加入的夥伴們，配合上《點燈》、《不一樣的聲音》節目的資深企畫陳淑渟等班底，她們都曾受過師父多年的調教；師父的言教與身教，也養成了她們多做事、少說話，眼明手快，講求效率的行事風格。

非常快速地，《他的身影》十三集的內容規畫完成，由紐約開始，橫跨到美國西部、加拿大、臺灣、中國大陸等地；曾經跟隨師父，或是與師父共同見證過歷史、參與漢傳禪法拓展於東、西方的各個歷程的有緣人，都將在節目中，分享他們不同的視角與感受。

企畫定案後，每集腳本的撰寫、拍攝行程的安排、出發，加上每個定點移動的時間、該要聯繫專訪的人士等，的確繁複且累人。好在胡麗桂師姊與執行策畫謝培鳳都是行當中的老手，她們快手快腳，進度推得飛快。有了她們站在前面開道引路，我才能安心地著手我的「處男秀」——《他的身影》節目主持人。

《他的身影》主題曲以及配樂，在日後的節目裡，也扮演著非常重要的角色，我找到了舊識，音樂人戴維雄老師來操刀。戴老師的學養與個性都非常好，為了佛教音樂的推廣，他默默耕耘了很長的時日。戴老師表示，希望先有歌詞，才好進行下一步作曲與編曲的工作。

我與戴老師商量了許久，就是找不到合適的作詞人。戴老師盯著我說，這一定要非常接近佛法，貼近聖嚴師父，體會到師父既慈悲又智慧的人才能寫得出。我裝作聽不懂，故意不與他相應。戴老師後來還是忍不住了，乾脆直接挑明，要我自己跳下來寫詞。我回說，我沒有寫過歌詞，這是非常講究專業素養的門道，我恐怕無法交出合格的作業。過了兩天，戴老師故意發了張傳真信函給我，上面有他對歌詞的某些構想。我坐在書桌前發了很久的愣，眼前有很多師父的影像在盤旋著，終於，還是拿起了筆，就在那張傳真過來的紙面上，開始動手。

我放任自己的思緒翱翔於過去與師父行走海外的那些鎏金歲月，無論是任何一片百花盛開、黃葉落地、大雪紛飛的土地上，聖嚴師父瘦弱卻堅定的表情、背影，都如倒帶的影片，一一重現。我又想，師父的法體雖然不在，我仍有大量的懺悔與滿腹的問候，想要傳遞給師父，可是，如何表白？如何傳遞呢？最常出現的莫過於蔚藍天空中，悠然飄行的朵朵白雲，以及樹梢間絮絮呢喃、吹哨低歌的陣陣微風……。不知不覺中，歌詞由起先的粒粒涓滴，進步到串串捉對的細流，再化成淙淙作響的山泉，沛然湧現，滾滾而出。

「我問過春天的風，當你穿過冬季的山丘，可曾吹落他厚實鏡片上的白色雪花；我問過秋天的雲，當你揮別夏季的溪谷，可曾投影在他僧衣胸口的褐色念珠……。他的一天有四十八個鐘頭，他的一生有一百六十個年度，他的行腳沒有疲倦的時候，他的日記沒有計畫退休……。」

一鼓作氣，總算把〈他的身影〉主題曲的歌詞寫出來了，我火速傳真給戴老師。戴老師一讀心喜，馬上回覆我，這首歌的旋律已經出現在他腦際。

戴老師沒有放過我，隔了一天就積極表態的說，我們所剩的時間已經不多，乾脆打鐵趁熱，把片尾曲也一併寫下吧。這一回，我不再推辭，因為片尾曲的歌詞已經在我的指尖、我的心跳中蓄勢待發。我一心想將師父那四句膾炙人口的偈言收錄到歌曲裡，對我來說，片尾曲已然渾然天成了。

我下了標題「遠行」，日後法鼓文化出版專輯，改為《您的遠行》。

「黑暗中您為我們點燃一盞明燈，驅散了迷亂慌張的顛倒夢想；您給我們一對清澈的雙眼，教我們看盡世間虛幻無常……。您的遠行，就像是風息了，樹梢不再頓足的搖，您說過無事忙中老，空裡有哭笑；您的告別，就像是雨停了，荷塘不再慌亂的盪，您說過本來沒有我，生死皆可拋。」前後只花了一個小時左右，〈遠行〉的歌詞就如實地陳列在我的電腦上。

〈他的身影〉主題曲，我找了坣娜來詮釋。坣娜的歌聲在女歌手當中，具有不做作、不花腔的特質，無論是低沉或是高亢處，都能有飽滿而不過度的揮灑。

至於〈遠行〉，則邀請了楊培安來演唱。我想要擷取楊培安清亮無塵的嗓音，不帶任何悲傷的來表達離別的不捨。沒想到楊培安沒有刻意置入一點煽情的情緒，在錄音間只唱了一遍，就將我理想中〈遠行〉悠遊自在的意境，純正貼切地唱了出來。

世間的造化本來就難以掌控。最終，坣娜的〈他的身影〉成了片尾曲，楊培安的〈遠行〉則無法收錄在影片中。日後法鼓文化製作成MV，發行音樂專輯，還是將〈遠行〉置入其間，也依舊引起廣大迴響。

需要一提的是，坣娜與楊培安，都沒有收取一分唱酬。當然，戴老師也是不求回報，義務地製作所有的音樂與這張CD。

我的懺悔，加上許多難能可貴的因緣，成就了十三集的《他的身影》電視影集，自二〇一〇年十一月起，在民視電視臺播出，後由法鼓文化發行DVD專輯。時至今日，我偶有念想，如果有一天，與聖嚴師父在另一個時空再見，我應該不會躲著師父，而是笑顏逐開地向他老人家頂禮，並且毫不害羞，不會猶豫地當面清唱一遍〈遠行〉給他老人家聽聽。

行過以後

聖嚴師父說過：「人在一生之中，總會為某一件事，或向某一些人，做出若干許願和承諾，也有一些是沒有特定對象的許願和承諾，類似的許諾，從無量生以來，不知已有多少。」

「換一個角度來看，『許願』和『還願』其實就是我們對生命的承諾；即使沒有學佛的人，也會重視人與人之間的承諾，更何況是自己對自己的承諾。」

「在生命過程中，我們每個人都必須扮演好幾種不同的角色。在家裡你可能同時為人子、為人夫、為人父，或是同時為人女、為人妻、為人母；到了工作場合，又是個工作人員；在學校，可能是個老師，也可能是個學生。

「不同的角色代表不同的責任，善盡自己的責任就是人生的意義，就是最好的還願和許願。」

沒錯！正如師父所說，善盡自己的責任，就是最好的還願與許願。承認錯誤、負起責任、實踐承諾，《他的身影》十三集影片，是我至誠懺悔及還願的心路旅程。

如今，每次遇見識與不識的善知識，當著我的面，讚譽這一套影集的拍攝成功，並強調看完後，所心生的觸動與感懷，我都是雙手合十，請他們感恩師父就可以，是師父現身說法，我只是有幸整理出來而已。更有很多的聲音傳遞給我，詢問影集的續集，何時得以完成？我也是如實回答：「就等候下一回成熟的因緣出現吧。」

一位大陸的聲樂家，某次在美國舊金山歌劇院演出的滯留期間，發生了困惑，障礙了他的生活與工作。他在網路上搜尋，發現了《他的身影》影集，他流著淚，不分晝夜，一口氣地看完；然後，他掙脫出橫亙在胸口的罣礙，煥然一新的走了出來。日後，他飛到紐約，自行找到東初禪寺，皈依了佛門。當我在北京遇見他，聽到他陳述的故事後，也不禁跟著他紅了眼眶。

趁此機會，我也要再次向全心全力地鼓勵我、成就我，助我完成此一計畫的所有善知識們，深深的一鞠躬，並說聲：「阿彌陀佛！」

第32條

如夢如幻，他的身影

我每晚都做夢，而且是一個接著一個，經常醒來時倍感疲憊，不但沒有休息好，反倒像是跋涉過千山萬水，用完了精神，也放盡了氣力。

不過，有一度，有一種夢是我所渴求的，那不是升官發財，更不是福祿壽喜，而是在夢裡遇見到聖嚴師父。

二〇〇九年二月三日，我在南投的埔里，與「新故鄉基金會」廖嘉展董事長開會，為九二一大地震十週年的合作活動，做各種研判與布局。當我們在紙教堂對面的山坡上，勘查演唱會的觀眾坐席時，我的手機震動了，本來不想接，但低頭一看，是「點燈基金會」董事陳瑞娟打來的，她一向沒有事不會找我閒話家常。

我接了，嗯了兩聲，沒有答話，很快地就掛掉。接下來的時間，我整個人好像被那通電話給抽空了所有的魂魄，只能站在原處發愣，久久回不過神，更沒了主張。廖董發現不對，問我出了什麼事？我覺得他的聲音很遙遠，好像是通過電話的線路，很不真實。然後，我如出定般，緩緩地跟他說，師父圓寂了。廖董也嚇了一跳，接連問了我一堆問題，我卻無法回答，只是央求他，趕緊送我去鎮上的車站，我要趕回臺北。

隔日上午，坐在瑞娟與她家師兄王崇忠駕駛的車裡，一路上，只有音響傳來的佛號聲，我們互不搭理，沉浸在自己的思緒中，保持著沉默。車子翻越過一座山嶺，逐漸下坡，接近海岸線。海面上，烏雲壓得很低，如兩道眉，緊貼著顏面。高起的波濤上緣，像是鑲著了弔孝的一條雪白布巾，顛沛在一片深黯瞿黑的空間裡，將眼前的景物，轉化為黑白的單調色系；縱然失去了所有的色彩，那起伏不已的浪濤，卻沒有息止之意，依然上下律動，沖擊於偉岸不語的岩塊上，炸出雪白的泡沫，如一朵朵弔喪的大小白菊。

上了法鼓山園區，停妥車，我三步併成兩步，快速奔向大殿。大殿的大門兩側，列有引禮的義工，每個人的神情都肅穆著，與平日飽含笑意的表情截然不同。趕上來的崇忠師兄，低聲提醒我，先別進去，且讓眾多的外賓進入行禮，後面有足夠的時間輪到我們。我沒聽他的，此時哪還能等？就算是千刀如山，萬刀如嶺，我也要橫跨、攀爬過去。

入得大殿，遠遠地，看見師父躺在前方，吉祥臥。但那姿勢怎麼看都像是暫時的假寐，只要一個翻身，師父就能立馬坐起來，笑著跟我們雙手合十地打招呼。我等不及義工的引領手勢，一個狼蹌，拜倒在地。匐地的剎那，一股悲愴的氣流由五內翻湧而出，那是大聲嚎啕的能量，無法抑止。可是，就在崩潰的臨界點上，似乎有個聲音牽制著我，要我守住；我有點氣急敗壞，活生生地將頂在喉間的哭喊聲卡住。一位義工上前，示意我該起身退出，後面還有無數準備進入的唁客在排著隊。我乖乖站起，張大著嘴，讓空氣急速進出口腔、鼻端與肺部，只能無聲地、無聲地，啞口一般，淚著、號著，然後，在義工堅定不移的眼神、身體語言指引下，退出大殿。

出了大殿，我立刻有職務上身，要負責接待傳播界的唁客。恍惚間，我有點失神，覺得耳裡、山裡空蕩迴響的雖然都是師父唱誦的「阿彌陀佛」聖號，可是，不對啊！我覺得不對啊，我拉著身邊的師兄問詢，為何聽到的佛號都是「陀佛」在先，後面才唱出「阿彌」，像是「陀佛阿彌」、「陀佛阿彌」……，師兄一時不知如何回答我，只是好心地說我太累了，最好先去休息區坐一下。

接連在山上忙碌了數日，直至荼毗（火葬）佛事圓滿。等到所有的儀典都結束了，我才漸次還過神來，察覺到鳥還在啼、花仍在開，只是師父的色身已不在了。然後在不同的時間場合，開始聽到身邊的師兄姊輪流分享，某日某夜，夢到師父了。身處在他們之間，我只能靜靜地聽著，完全插不上話，因為我根本沒有夢過師父。

二月過完，三月到了。三月過去，四月來了。四月飛快翻過，五月毫不遲疑地也報到了，而我依然夢不到師父。

雖然每晚的夢，都是短篇、中篇、長篇地輪流上場，有時是剛睡下不久，有時是半夜起床如廁後，有時是朝日大亮就要醒來時；每個夢都有主題，都有登場人物，但就是沒有師父。

我有點失望，也有點死心，就安慰自己，師父太忙了，哪有空閒來搭理我？但說也奇怪，就當此一念頭轉了沒多久，師父居然就在夢境裡出現了。

師父坐在一張長方形的書桌上處，低著頭，非常專注地在寫字。我的視角安在天花板的高處，由上往下端看，我也看見自己，垂手立於書桌的右側，低著頭，認真地盯著正在振筆疾書的師父。只不過，視線被那個「我」遮住了，我無從辨別師父究竟在揮毫寫大楷，還是如飛機上一樣的謄寫著筆記本。

然後，夢醒了。朦朧中，也發現窗簾的隙縫裡，透出來一縷光影，看來是天亮了，我有點捨不得放掉方才的夢，又急著想趕緊睡著，繼續去面晤久違的聖嚴師父。但是，一個念頭忽然閃過，我乍然清醒了過來！啊！我察覺，方才的夢境裡，聖嚴師父從頭至尾都沒有抬起頭來看我一眼，更別說是說上一句話了。不妙！我想，糟糕了！師父顯然在生我的氣，竟然正眼都不瞧我一眼！

有道是做賊心虛，我有愧對師父之處。顯然我一直把這件事緊緊地壓在記憶抽屜裡的最角落，最見不到光線的黑暗處。

有一件事，我答應師父過兩次，但都沒有付諸實施，那就是重新製作我在一九九五年，第一次跟隨師父去了紐約與英國的威爾斯，所記錄剪輯過的紀錄片《四海慈悲行》。師父叮囑過，要將這部紀錄片充實內容，把一九九五年過後，師父去過更多國家弘法的紀錄添加進去。（詳情請另行參考另一篇「對生命的承諾與回聲」）

因為這個夢，促成了《他的身影》系列紀錄片的誕生。

師父圓寂後，我與幾位合作夥伴製作十三集紀錄片《他的身影》的過程裡，卻讓身心跌入另一個漆黑的深洞，無力攀爬出來。因為這套紀錄片所遭到的考驗，外加另一個常態節目《點燈》，碰撞上經費與人事的多重糾葛，我進退失據，徬徨喪志。在那魂不守舍的深淵中，我很清楚，我大概染上了憂鬱症。

我曾經獨自上過法鼓山的環保生命園區，希望在緬懷師父的慢步經行中，悟出些什麼道理，得以度過此一擺明了就是跨不過去的難關。再不濟時，我在員工下班後，把自己關在辦公室裡，將為《他的身影》節目所製作的片尾歌曲〈遠行〉放得極大聲，接連放上五遍、十遍，透過楊培安演繹的歌聲，我肆無忌憚地放任情緒潰堤，等到哭聲偃息，眼淚流夠，才默默地熄燈鎖門，蹣跚回家。

一晚，又夢到師父了。

夢中的師父又回復到沒有生病前的健康與神氣。就在農禪寺的會客室裡，師父坐於昔日的位子，傾著上半身，專注且認真地問我道：「《點燈》怎麼了？」每次遇到這種情況，我都習慣搖頭說沒事。夢裡，我還是跟師父說：「沒事了！已經沒事了！」等到夢一醒，我有點失落，心想師父為何不垂詢我：《他的身影》進行得如何了？

我一直非常慶幸，無論製作《他的身影》的過程是如何艱辛，如何耗掉我半條命，但結果還是圓滿的。至今十年過去，還是有不少人反覆看著這套影集，回味著聖嚴師父留下來的點點足跡與聲聲叮嚀。

又過了一段時日，我的功課越顯艱難，我再度回到那個困坐在教室裡，面對整頁考卷無力申答的蒼白少年。人說關關難過關關過，我說自己是田徑場上的跨欄選手，槍聲一鳴，只能義無反顧地向前奔去。只不過，我一個人在空寂無人的跑道上，拚著老命地跨過一個高欄，跑了六步，又再越過另一個高欄，再跑六步⋯⋯。其間，我會踢倒欄架，會栽了很大的跟斗，但是爬起身來，管不到流血的膝蓋，還是得一瘸一拐地繼續上路，繼續奔跑、繼續跨欄。

就在身心困頓到無以復加時，我又夢到師父了。

我們師徒三人在一艘獨木舟上，師父立於船頭，我站在船中間，攝影師阿良則在我身後。船速很快，一個轉彎，我的雙手硬拉著吊環，盡力維持住身體的平衡。師父雖是雙手懸空，沒有任何攀附物，卻都能順著船身轉向的弧度，保持住身體的重心，沒有任何偏倚。我有點心驚膽跳，將左手的吊環遞給師父，說是船行快速有危險，還是請師父抓住一個吊環吧！師父沒有推卻，將吊環接了過去，互動中，我明確感受到師父的手傳到我的手，那股暖熱的體溫。

忽然，師父跟我說，回頭一下，他臨時要上岸。

我們隨即掉頭，師父率先上岸，岸邊有一寺院，寺院門口有一面熟的師兄正在核實手上的文件。師兄一抬頭，發現是師父，就欣喜地大喊道：「師父回來了！」經他一喊，寺院的大門突然大開，一群男女信眾如潮水般湧了出來。一片熱潮中，我認出來跑在第一個的，就是「點燈基金會」的董事陳瑞娟。

這個夢，發生的地點依稀是在關渡。

夢醒後，我終於明確知道，那殘破身心的皈依處，應該安放在何方。

在學佛的道路上，我是名符其實的「慢飛兒」，就算讀誦《心經》、〈大悲咒〉、《金剛經》與《地藏經》的日課不曾間斷過，但改變真是闕如，精進更是談不上，難怪師父要責罵我不見長進。

我卻也知道，師父在開示中提過，夢想和顛倒是同類性質，虛實顛倒；以虛為實，即是夢想。

我的夢，雖然紛亂無章，顛倒無序，但是夢到師父的幾次，恰好都碰上生命中難過的坎兒。往後，我不再貪求夢裡再見師父，只希望往後的人生中，沒有顛倒的空想，只有進取、奮力去實現的理想。

行過以後

聖嚴師父說過：「世間凡夫，明知世事無常，天下沒有不死的人，沒有不謝的花，沒有不散的筵席，沒有不沒落的王朝，總還是十分努力地貪戀執著，便是以幻為實，以夢為真。」

「《金剛經》說：『一切有為法，如夢幻泡影。』也就是為我人指出世間的一切現象，都是如夢如幻如泡如影，可以欣賞，但不足貪戀。」

「永嘉大師的〈永嘉證道歌〉有云：『夢裡明明有六趣，覺後空空無大千。』也是為世人點出世間六道眾生，在未悟之前的確是因果相循，有血有淚、有情有愛，當然覺得真的，但在悟後再看大千世界與六道眾生，生死無非幻起幻滅，我是空的，世界也是空的。」

我對師父的行住坐臥可以近距離地觀察，當然也會興起無窮的好奇心。

有一回跟著師父在墨西哥的玉海禪堂帶禪七，主辦單位刻意將師父安排在貼近海邊，建造在岩石上的寮房安居。

抵達當地的第二天上午，我到師父的寮房，為師父準備早餐。

在師父寮房的每一個時間點上，我都聽到海浪拍打岩岸的浪濤聲；終於，我忍不住了，詢問師父，這大浪拍岸的聲響在晚上一定更大，師父睡得安穩嗎？

師父笑著回答我，前晚夢裡，又再次回到當年由上海搭船，前往臺灣的海面上，只聽到不歇止的海浪聲，以及船身的不停搖晃。

隔天，我又問師父，還是會做一樣的夢嗎？要不要換一個房間？

師父說，這下睡得好極了！只要不將海浪聲當成對象，與它和平共存，自然就能當它為催眠曲，綿密入耳，安穩而眠。

我於是明白，師父終究與我這個修行不力的俗家弟子不一樣。

第33條

奉獻的快樂

我從小就會幻想，幻想有位無所不在的神祇，手中拿著為每個人編寫的人生腳本，每天低頭查看人間事：笑看某個人為何有了萬貫家財還是不快樂？細究某人窮到這餐顧不到下一餐，還能時時開心的呵呵大笑？在那背後，肯定有許多有趣多彩的故事，可以轉化人性，啟迪人心。

我也會羨慕眷村裡的某一人家，為何他們家的父母都能和顏悅色的不吵架？為何他們家的小孩都能放心的玩耍淘氣，不受打罵？等到自己長大，學會獨立思考了，才恍然大悟，原來每個人的人生本來就不一樣，因為腳本都不同啊，難怪我這一生會迷戀戲劇與電影。

如今，就要扣開七十大關的當口，每次回首凝視來時路，總要感嘆造化的確弄人。

某年某月某日所做的某一決斷，如同鐵道的轉轍器，在分岔點陡然轉彎，邁向另一個境遇。結果或許是碧海藍天，悠遊自在；也或許會是顛沛起伏，侷蹙難熬。

我在二十三歲時，透過世新老師熊廷武的介紹，闖進電視臺打工。二十六歲那年，有了知名藝人李慧慧的引薦，進入《民族晚報》服務。二十九歲，連日文的字母都還不會默寫，就大膽前進日本，三個月後，成為《民生報》的駐日記者。四十一歲，終於拿到碩士學位，舉家遷回臺灣。四十二歲，迫於時勢，自立門戶，製作《點燈》節目，該年便因此一因緣開始親近聖嚴師父。

如果生命是一首讚歌，我在生命的舞臺上，一向獨自吟唱著詠嘆調。曲調時而如過山火車，拔尖直搗雲霄，餘音嫋嫋，時而低沉呢喃如耳語，低迴不已。坐在臺下的，都是與我的人生習習相關的家人、師長、好友；其中，最是以炯炯有神的目光，緊緊盯著我的，就是聖嚴師父。

如果生命是場籃球賽，自有上、半場之分；引領我打完下半場（應該說是結局），對結果沒有後悔，更不會懊惱的，當然也是聖嚴師父。

如果生命是齣大河連續劇，劇終時，同時兼任編、導、演的我，在悲欣交集的謝幕當口，最要感謝的，除了生身的父母外，就是賦予我佛法新生命的聖嚴師父。

至於聖嚴師父的生命道路，又是如何走過來的呢？

師父的父母都是不識字的文盲，卻能在艱苦的營生過程中，吸取到生命的智慧與真諦，並傳授給子女。

師父幼年時，名喚保康，有一次與務農的父親經過一條河岸，驚動了一群鴨子，紛紛跳進河裡，游向對岸。父親跟保康說，大鴨游出大路，小鴨游出小路，如果不游，就沒有路，也過不了河。父親再說，做人也是這個樣，不管才能大小，不問地位高低，只要盡心盡力，總會走出一條路來；不要羨慕他人，也不要小看自己。

另有一回，母親正在做家務，來了幾位鄰居太太。一位太太指著保康跟母親說，這小男孩很乖，很聰明，將來一定可以成為人上人，住的是樓上樓。另一位太太接著說，好的是住樓上樓，不好的，就得在樓下搬磚頭。母親看了一眼保康說道，不管是住在樓上樓，或是在樓下搬磚頭，只要不做賊骨頭就好。

父母的言教，對保康日後的行事原則形成重大的影響。

保康由長江邊上一間小廟的小和尚開始匍匐向前，然後去到上海，就讀佛學院；再於戰亂發生後，與一些同學脫下僧袍，換上軍裝，來到臺灣。歷經萬難，終於退役，二度出家，閉關自修。出關後遠渡東瀛，苦讀六載，修得碩士與博士學位。只因臺灣苦無機會，再轉往美國，開始另一條苦路，立志要將漢傳佛法傳至西方世界。

這期間，師父遠蹠的每條道路，絕非筆直無礙，就連一些小岔路，都橫亙著種種磨難與魔考。這麼多的關卡隘口，都在測試著這個在長江邊上出生的貧戶男孩，究竟會被歸納為哪一種小鴨？最後到底可以游出什麼樣的一條路？

我曾自一位熟知臺灣佛教界諸事的耆老轉述，師父在日本東京立正大學獲得碩士學位後，其剃度師東初老人下令他返回臺灣，因為曾有臺灣的僧人前往日本留學後，經不住環境的考驗，還俗後娶妻生子，甚至繼承日本寺院的衣缽，成為寺院住持的乘龍快婿。當時，正值壯年的聖嚴師父，長得一表人才，復以學位加身，一些不利師父的流言，自然就在臺灣的佛教界開始醞釀溢出。

師父在日本留學期間，尤其前兩年，因為阮囊羞澀，經常面臨斷炊以及休學的考驗。迫於生計，師父經常要去華僑的家中誦經、說法；東南亞的華僑到日本旅遊，師父也兼任導遊，有時在途中沒有合適的素食，師父就是一碗白飯也都甘之如飴。師父說，這總比脫下僧服，去餐廳打工要合適。

一旦面對學業中輟的危機，師父並沒有選擇放棄一途。坂本幸男教授鼓勵師父，如果不把博士學位修完，日後如何進一步去度化眾生？坂本教授與紐約的沈家楨居士都是師父重要的「點燈人」，先後出手，幫助師父將這艘遇到暴風雨的小船穩定了下來。前者穩住師父的的心，應允要帶著師父沿門托缽；後者則以無名氏的方式匯出學費給師父繼續學業。師父自此也更是牢牢把持住船舵，堅持方向，硬是苦讀有成，將文學博士的學位攬在了懷中。這對之前只有唸到小學四年級的師父來說，說是奇蹟太表象，或許長江邊的小河裡，游水過河的小鴨子們，就是具有關鍵性的大道啟示錄。

轉變成大鴨的師父，就算是游出大路，甚至游到了美國，也還是要時時前瞻與後顧，畢竟置身於至深無邊的汪洋大海裡，稍一不慎，還是要翻船。難怪師父曾經帶著第一個剃度出家的西方弟子保羅，頂著紛飛的大雪，在超市的垃圾桶翻找可食的食物，同時也得夜宿於寒冷冰凍的紐約街頭。

我真的是有大福報，居然在師父圓寂後，得以循著師父走過的路，採訪到許多與師父接觸過，受到師父影響的有緣人；這些紀錄，都詳實地展現在十三集的《他的身影》影集中。

自二〇〇九年的下半年開始，我與工作夥伴先是飛到美國的東岸、西岸、加拿大，然後是中國大陸的北京、山東，連續幾個月的奔波，接觸到的每一位採訪對象，都對師父存有誠摯的感念與無限的崇敬。拍攝過程中，印象最為深刻的就是拜訪沈家楨居士舊居，紐約上州莊嚴寺的那一天。

彼時，沈老居士業已往生，但無論如何，一生不遺餘力地提倡與奉獻佛教，並伸手援助師父完成學業的沈老居士，當然不能在《他的身影》影片中缺席。

我們在紐約肅殺的寒風與陰沉無光的一個下午，踏著路上腐爛、衰敗的晚秋殘葉，進入莊嚴寺內的「和如圖書館」（沈居士為了紀念同修居和如居士所建）。《點燈》節目曾於一九九八年五月，藉著師父在紐約與達賴喇嘛對談結束的空檔，特地前往莊嚴寺，在「和如圖書館」內，進行了師父與沈老居士的訪問。就在那一回，沈老居士首次承認，當年的確是他出手資助，護持師父完成博士學位（沈老居士多年來同樣也資助過很多僧眾）。因為沈老居士磊落無私的布施，師父握著沈老居士的手，當場流淚不止。

對許多觀眾來說，師父在沈老居士面前激動落淚的一幕，不只是感恩的眼淚，同時也具體展現了布施的層次與意涵。一位是行善布施後就立刻放下，從未承認有這回事，而老說是忘記了；一位是接受布施者，終生永誌不忘，轉將生命奉獻給三寶、給眾生，恩恩相續，如大江大河，綿延無盡。

我們進入圖書館後，就在師父與沈老居士當年坐過的同樣區域、同樣椅子邊的茶几上，陳設了兩位主角手牽著手的照片。正當攝影機開動，身為主持人的我還來不及開口，說出腳本裡的口白，突然陰沉的雲層破了口，一道陽光透過玻璃窗直搗室內，那道白光，直接探照、灑射在茶几上的照片上，分毫不差。而原先肉眼不見的微塵，居然也在光暈中，極富生命力的上下律動、飛舞了起來。我看傻了，當然也NG了，失去任何反應的能力。

一切都可以歸納為因緣和合，無論是時間、地點，都分毫不差地落在此一關鍵性的巧合點。但是，平凡且愚癡的我，卻當場被點上了穴道似的，從頭頂的每一個毛細孔，酥麻到腳底板的每一個細胞。說得再透徹些，我好像在那一個時間點上，收到了一份無與倫比的貴重禮物，我很確定，在沈老居士與聖嚴師父身上所發生過的動人故事，就是我這一生最有決定性的鼓舞與加持，我自此更是清楚，持續去做利益眾生的事，繼續透過節目去散播希望，讓人們看見愛，便是我堅持下去的不退信念。

不分宗教，不分種族，不分職業，不分性別，不分年齡，只要懂得了奉獻的真諦，必能擁有一個快樂無比的人生。沈家楨老居士與聖嚴師父的故事，就是最具象、最有教育意義的教本啊！

聖嚴師說過：「在一般人觀念中的感恩，多半是指父母的養育之恩、師長的教導之恩、親友的扶持之恩。其實，做父母、師長的人，也要懂得感謝子女、學生，讓自己有付出關懷機會的成全之恩。」

「如何報恩？例如我自己，受到父母、師長及各方協助之處甚多，等到我有能力回報之時，父母、師長等恩人，多半已不在人間，只有盡我的能力，幫助更多的眾生，來表達對恩人的感恩。」

「恩惠就像流水，自上而下，順向而行。因此感恩的方法，便是順向往前推動；簡言之，即是承先啟後。把從前人處所受的恩惠，再施予後人，綿延不絕。」

我在一九九五年開始製作《點燈》節目，心情當然會有起落，總是受制於製作環境的現實考驗，一旦收視的數字不好看，電視台說不定就立即通知不做了，節目就要在指定的時間裡鳴金收兵。

直至親近師父、熏習佛法後，非常奇妙地，我竟然不知不覺中，將節目的主旨「感恩」繼續延伸之餘，也開始投注在關懷弱勢族群，以及利益人群、眾生的公共議題上。等到時日一久，遭遇到世事無常、前程難料的各種考驗後，我彷若與報導過的生命鬥士契合於一體，更能切實感受於他們的感受，感動於他們的感動，進而感染到他們身上所迸發出的生命光彩。非常自然的，如何繼續延續《點燈》節目的精神，將希望的燈火綿延不斷，竟然成了我給自己的承諾與使命。

後來，成立了「點燈文化基金會」，所有的展望就更是遼闊無邊了。

將近三十年來，我的周遭，聚集有許許多多的善知識與同仁們，匯集出一股沛然而生的力量，沒有放任我在困頓時沒頂消亡，隨波而去。不但《點燈》節目得以遊走於華視、中視、公視之間，而後又安住於大愛電視台，以及網路的每一個因緣際會中。另外，有了此一堅實信念的開道，「點燈文化基金會」接連幾年，在公開場地，如臺北國父紀念館、大安森林公園、中山堂、新北市府大廳、臺大體育館等地，舉辦了「愛擁抱」、「照見生命勇士」、「哥哥爸爸真偉大」（向軍人致敬）、「老師我愛您」、「今宵多珍重」（向警消致敬）等各種演唱會與音樂會的公益演出，雖然募款不易，困難重重，但堅信難行能行，一定要將奉獻的快樂，分享給社會各種不同的族群。

對我來說，《點燈》就是暗夜中指引方向的一顆明星，既然嚮往，就沒有遲疑，當然也更是一無所求地行之、篤之。

正如聖嚴師父所說，只要一件事情是自己樂意做的，是別人給我們機會奉獻，我們就能夠在其中得到快樂。同樣的，師父說過，「把從前人處所受的恩惠，再施予後人，綿延不絕」，這也是我的餘生所僅能奉行的信仰。

感謝近三十年來，所有給過我助緣，助我持續護燃著這盞燈火的所有善知識們，以及此刻正在閱讀此書的您，還有，當然就是生養我的父母，以及聖嚴師父。

參考書籍

1.《聖嚴法師年譜》林其賢編著（法鼓文化）
2.《美好的晚年》聖嚴法師口述、胡麗桂整理（法鼓文化）
3.《聖嚴法師學思歷程》釋聖嚴著（正中書局）
4.《智慧 100》聖嚴法師著（法鼓文化）
5.《心的經典》聖嚴法師著（法鼓文化）
6.《是非要溫柔》聖嚴法師著（法鼓文化）
7.《法鼓山故事》胡麗桂整理（法鼓文化）
8.《法源血源》聖嚴法師著（法鼓文化）
9.《歸程》聖嚴法師著（法鼓文化）

10.《火宅清涼》聖嚴法師著（法鼓文化）
11.《行雲流水》聖嚴法師著（法鼓文化）
12.《春夏秋冬》聖嚴法師著（法鼓文化）
13.《東南西北》聖嚴法師著（法鼓文化）
14.《東初禪寺的故事》聖嚴法師著、胡麗桂選編（法鼓文化）
15.《阿斗隨師遊天下》張光斗著（法鼓文化）
16.《阿斗隨師遊天下 2》張光斗著（法鼓文化）
17.《我的西遊記》張光斗著（法鼓文化）
18.《尋師身影》張光斗著（法鼓文化）
19.《聖嚴法師 108 自在語》

新人間343

度：聖嚴師父指引的33條人生大道

作　者—張光斗
照片提供—陳漢良
客座主編—胡麗桂
主　編—謝翠鈺
責任編輯—廖宜家
企　劃—陳玟利
美術編輯—菩薩蠻數位文化有限公司
封面設計—沈家音

董事長—趙政岷
出版者—時報文化出版企業股份有限公司
一〇八〇一九　台北市和平西路三段二四〇號七樓
發行專線—（〇二）二三〇六六八四二
讀者服務專線—〇八〇〇二三一七〇五
（〇二）二三〇四七一〇三
讀者服務傳真—（〇二）二三〇四六八五八
郵撥—一九三四四七二四時報文化出版公司
信箱—一〇八九九　台北華江橋郵局第九九信箱
時報悅讀網—http://www.readingtimes.com.tw
法律顧問—理律法律事務所　陳長文律師、李念祖律師
印　刷—勁達印刷有限公司
初版一刷—二〇二二年二月十二日
初版六刷—二〇二二年十月十四日
定　價—新台幣四二〇元

時報文化出版公司成立於一九七五年，
並於一九九九年股票上櫃公開發行，於二〇〇八年脫離中時集團非屬旺中，
以「尊重智慧與創意的文化事業」為信念。

度：聖嚴師父指引的33條人生大道/張光斗著. -- 初版.
-- 臺北市：時報文化出版企業股份有限公司, 2022.02
面；　公分. -- (新人間；343)
ISBN 978-957-13-9955-3(平裝)

1.CST: 佛教修持 2.CST: 人生哲學

225.87　　111000368

ISBN 978-957-13-9955-3
Printed in Taiwan